세계 시민에게 필요한

공동체 공유가치 이해와 실천

김선주 저

어가 語歌

머리말

우리는 많은 문제들을 소통과 화합이 아닌 단절과 거부라는 형태로 대하고는 한다. 대립과 갈등이 만연해 있는 우리 현실을 보면 인간에게 있어 성숙과 이해의 '관계 맺음'은 결코 쉬운 일은 아닌 듯하다.

그러나 인간은 함께해야 행복하고, 얻을 수 있는 것도 이룰 수 있는 것도 많다. 어찌 보면 당연한 진리인데 행동과 사고에 '자신'이 차지하는 비중이 높은 청년기에는 '함께'의 가치를 깨닫기 어렵다. 나의 개인적 경험에 비추어보더라도, 젊은 시절에는 함께하며 얻게 되는 가치를 지금처럼 크게 생각하지 못했던 것 같다.

나는 우리나라의 미래를 책임질 젊은이들에게 '함께'의 가치를 조금이라도 빨리 알려주고 싶었다. 그렇게 되면 젊은이들의 내일과 그들이 만들 대한민국의 미래가 달라질 것이라는 확신이 있었기 때문이다. 그러나 입시와 취업 등으로 경쟁에 익숙해진 그들에게 '함께'의 가치를 외치는 것은 쉽지 않을 거라는 주변의 우려가 마음에 걸렸다. 다 큰 성인에게 가치를 가르치는 것은 어리석은 일이라는 부정적인 목소리도 있었다. 그럼에도 불구하고 '함께'라는 조금은 어려울 수도 있는 목표를 향한 발걸음을 조심스럽게 내딛고자 이 책을 집필하였다.

수업 시간에 학생들과 함께 공유가치에 대해 생각하고 실천사례를 나누면서, 주면 작아질 것 같지만 더 풍성해지고 함께하면 손해일 것 같지만 얻게 되는 것이 많음을 알게 되었다. 가치 실천으로 얻게 된 것들을 발표하는 학생들에게서 뿌듯함을 보았고, 그것을 듣고 있는 학생들의 얼굴에서 미소를 보았다. 또한 저렇게 살아야겠다고 다짐하고 있는 나의 모습도 발견할 수 있었다. 이처럼 공유가치를 실천한다는 것은 보람, 행복, 감격, 다짐 등을 함께 나누는 일인 것 같다.

얼마 전 뉴스에서 함박눈이 펑펑 내리는 매서운 날씨에 노숙자에게 외투와 돈을 건네주고는 홀연히 사라진 중년 남성의 사연을 본 적이 있다. 마치 어린 시절 읽었던 동화 속에나 등장할 것 같은 따뜻한 이야기에 가슴이 한동안 뭉클했었다. 이러한 선한 영향력들로 우리 사회가 따뜻해졌으면 하는 소박한 마음으로 이 책을 썼다.

우리가 살아가는 데 필요한 많은 가치를 다 담기엔 저자의 역량과 지면이 허락하지 않기에 수년간 학생들이 수업 시간에 발표했던 공유가치들을 중심으로 집필하였다. 그렇게 하여 이 책에서는 존중, 평등, 칭찬과 격려, 공존, 책임, 소통과 공감, 협력, 감사와 행복, 나눔과 절약에 대해 논의해 보았다. 가치는 눈에 보이지 않고 한마디로 정의할 수도 없기에, 이론적 탐색에 치중하기보다 중요성을 이해하고 삶 속에서 실천하는 데 의미를 두려 노력하였다. 각각의 가치에는 이론과 더불어 삶에서 실천해 볼 수 있는 'Activity'를 첨부하였다. 단순히 머리로 이해하는 데 목적을 두기보다는 실천을 통한 깨달음을 주고 싶었기 때문이다. 공유가치 실천을 통해 우리의 가슴이 따뜻해지고, 여기저기에서 작은 미소들이 피어난다면 저자로서 더 바랄 것이 없겠다.

끝으로 항상 나를 응원하고 믿어주는 주변의 소중한 사람들과 부족한 원고를 귀한 책으로 만들어주신 도서출판 어가의 어진용 대표님과 편집부 직원들께 감사함을 전하고 싶다.

2021년 2월

저자 김선주

차 례

PART 02
세계 시민에게 필요한
공유가치

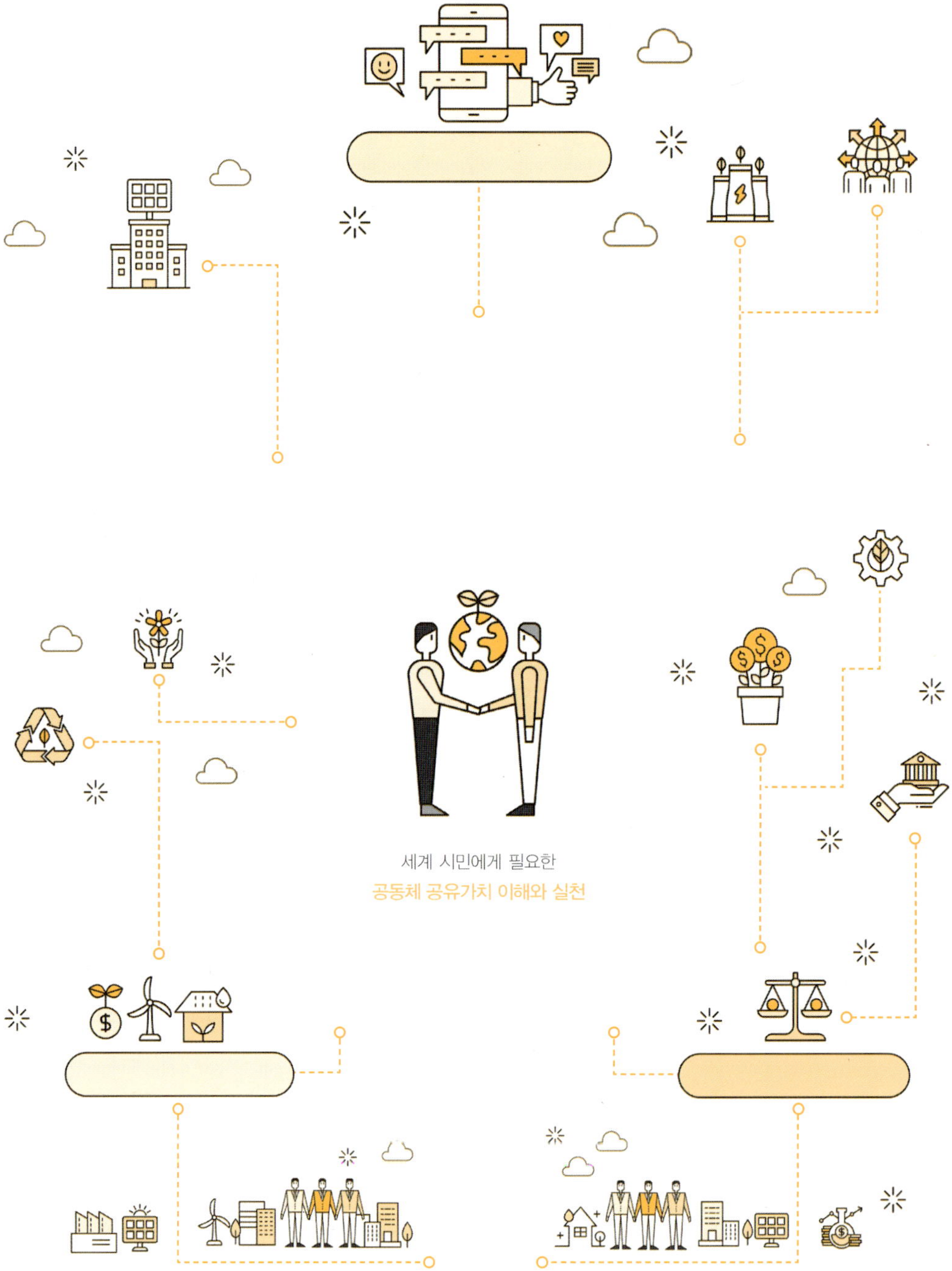
세계 시민에게 필요한
공동체 공유가치 이해와 실천

PART 01

공동체와 공유가치

CHAPTER

01

왜 공동체인가?

1. 인간의 본성

인간은 한 개인으로 출생하지만 혼자서는 살 수 없는 존재이다. 인간은 태어나 성인에 이르기까지 타인과의 관계, 공동체 속에서 사회화되고 독특한 성격을 형성하며 자신을 완성해 간다. 심리학자 주디스 리치 해리스(Judith Rich Harris)는 인간에게는 타인과 우호적인 관계를 맺고 유지하려는 성향인 '관계 체계', 자신이 속한 집단의 규범과 관습에 행동을 맞추려는 성향인 '사회화 체계', 사회의 다른 성원들과 경쟁하여 앞지르려는 '지위 체계'의 성향이 있다고 하였다. 이러한 성향 때문에 인간은 자신이 속한 공동체의 문화와 조화를 이룰 수 있게 서로 닮아가는 것이고, 경쟁 속에서 서로 달라지기도 하는 것이다. 이처럼 인간에게 있어 타인, 공동체는 한 개인을 사회 구성원으로, 독특한 개성을 가진 존재로 성장하게 하는 데 필수적인 요소이다.

아리스토텔레스(Aristoteles)는 '인간은 개인으로 존재하지만 혼자 유일하게 살 수 있는 것이 아니라 타인, 공동체 속에서 그 의미를 찾을 수 있는 존재'라고 하였다. 실존주의 철학자인 하이데거(Heidegger)도 '한 개인은 그들이 속한 집단과 그 집단의 역사 속에서 규정될 수 있다.'고 하며 인간 존재에 있어 공동체의 중요성을 강조하였다. 역사학자인 유발 하라리(Yuval Noah Harari, 2015) 역시 '인간이 다른 생명체에 비해 지구의 우위를 점할 수 있었던 이유는 인간이 호모 사피엔스(Homo sapiens)[1]이기 때문'이라고 하였다. 그는 인간이 언어를 활용한 섬세한 소통능력으로 조직을 이루며 살아왔기에 만물의 영장이 될 수 있었다고 주장한다. 이처럼 많은 학자들은 인간이 사회적 존재이며, 공동체 속에서 의미를 찾고 성장할 수 있다는 점에 동의하고 있다.

모든 인간은 자신이 속한 공동체의 특성을 띠고 있으며, 그에 맞는 사회성을 지니고 있다. 공동체가 가지고 있는 언어, 역사, 문화 등을 다른 구성원들과 함께 공유하며 성장하고, 자신이 속한 환경 속에서 느끼고 행동하기 때문이다. 공동체와 인간은 분리해서 생각할 수 없는 존재이기에 공동체의 역사와 특성이 곧 한 개인을 규정하게 되는 것이다. 이처럼 인간은 공동체를 구성하는 존재이자 공동체 속에서 발전해 나가는 존재, 호모 소시올로지쿠스(Homo sociologicus)[2]이다.

공동체는 인간의 중요한 삶의 목표 중 하나인 행복과도 관계가 깊다. 행복에 관한 연구자인 서은국 교수(2014)는 인간이 유독 행복을 크게 느끼는 활동이 사람을 만나는 일이며 외로울 때는 굶은 것만큼이나 고통스럽다고 밝힌 바 있다. '좋아하는 사람들과 맛있는 것을 먹는 일'이 인간을 가장 행복하게 하는 활동이라는 그의 주장을 토대로 생각해 본다면, 최첨단 과학 기술이 발달한 21세기를 살아가는 인간이지만 뇌가 행복을 느끼는 순간은 매우 원시적이고 단순한 상황인 것으로 보인다. 식당에서 혼자서 묵묵히 먹기만 하는 사람보다 서로의 이야기를 만들어가며 식사하는 사람들의 표정이 더 밝은 것을 보면 인간은 혼자서는 행복하기 어렵다는 것을 알 수 있다. 인간이란 관계 속에서 행복을 찾으며 서로 소통할 때 행복한 존재인 것이다.

인간 욕구에 대해 연구한 학자들은 인간에게는 관계 맺음의 욕구가 있음을 주장

1 어원은 라틴어로, '지혜가 있는 사람'이라는 뜻이다. 식물학자 린네(Carl von Linne)가 처음으로 분류하였다. 한국어로는 '슬기사람'으로도 번역된다(네이버 지식백과).

2 호모 소시올로지쿠스는 사회적 인간이라는 뜻이다. 인간은 사회적으로 부여된 역할에 부응하면서 살아가는 존재로, 사회적 통제망에 얽혀 있다는 뜻이다(교수신문, 2017. 03. 08.).

한다. 매슬로우(Maslow)는 인간을 사회적 욕구, 존중받고자 하는 욕구를 가진 존재로 언급하였고, 에리히 프롬(Erich Fromm)도 다른 동물과 달리 인간은 고독감과 소외감을 느끼는 존재로, 관계를 가지고자 하는 욕구가 있다고 하였다. 윌리엄 글래서(William Glasser) 역시 소속감과 사랑의 욕구를 가진 인간의 본성에 대해 말한 바 있다.

그러나 이러한 관계 맺음의 욕구를 지닌 인간임에도 불구하고 인간관계에 실증을 느끼고 피곤해하기도 한다. 특히, 디지털 문명 속에서 살아가는 현대인들은 초연결 사회 속에서 인간관계의 피로감, TMI(too much information)라 불리는 과도한 정보 노출로 인한 불편함을 느끼고 있다. 이러한 이유로 현대인들에게 디지털 디톡스, 비우미즘 등의 라이프스타일과 함께 타인의 시선보다는 혼자만의 삶에 의미를 두는 가치관이 등장하기도 하였다. 자신의 취향을 존중하며 자유를 중시하는 밀레니얼 세대[3]들에게는 혼밥족, 혼술족 등과 같이 혼자만의 삶을 즐기는 트렌드도 증가하고 있다. 혼밥의 최고난도로 꼽힌다는 고깃집과 보쌈집에서도 1인 메뉴를 판매하고 있는 현상은 개인주의 가치관이 증가하고 있는 트렌드를 엿볼 수 있게 한다. 개인주의 가치관의 증가는 TV 인기 예능 프로그램에서도 발견할 수 있다. 혼자 사는 유명인들의 일상을 관찰 카메라 형태로 담은 프로그램은 독신 남녀와 1인 가구가 늘어나고 있는 현 세대를 반영한 것으로, 혼자만의 자유로운 삶의 모습을 진솔하게 그려내어 시청자들의 많은 관심을 받고 있다.

이러한 개인주의적 가치관은 앞으로도 지속될 것으로 보인다. 보건복지부 '통계로 보는 사회보장 2019'에 따르면 2019년 기준 국내 1인 가구는 전체 가구의 29.8%에 달하며 전체 가구 중 가장 비중이 높은 가구 유형에 해당한다. 앞으로도 1인 가구는 가파른 성장세를 나타낼 것으로 보이며, 2030년에는 744만 가구, 2045년에는 832만 가구에 이를 것으로 예상하고 있다.

3 밀레니얼 세대(Millennial Generation), 밀레니얼스(Millennials) 또는 Y 세대(Generation Y)는 X 세대의 뒤를 잇는 인구집단이다. 윌리엄 스트라우스와 닐 하우가 쓴 책에서는 1982년생부터 2004년생까지로 정의한다. 다만, 미국에선 이와 달리 1981년생부터 1996년생까지를 주로 일컫는다. 대부분 베이비붐 세대의 자녀들이라 에코붐 세대(echo boomers)라고도 한다(위키백과).

이처럼 혼자만의 자유로움, 개인의 취향 등을 존중하는 가치가 팽배하고 있는 현 세태를 보면, '인간이 혼자서도 행복하게 살 수 있는 존재인가?' 아니면 '시대의 변화에 따라 공동체적 존재에서 개인적 존재로 바뀌고 있는 것인가?' 하는 의문을 갖게 된다. 그러나 이 의문에 대한 답은 '시대가 바뀌어도 사회적 존재, 공동체적 존재인 인간의 속성은 변함이 없다.'이다.

현대인들은 타인의 시선으로부터 탈피하고 합리적인 사고를 중시하는 가치관을 가지고 있지만 인간은 여전히 '함께' 하고 싶어 한다. 다만, 만나는 방식과 관계를 맺는 방식이 바뀌고 않는다. 혼자이고 싶지만 또다시 소통의 대상을 찾는 존재가 인간이다. 기술과 기기의 발달로 삶의 방식이 바뀌고 있을 뿐 인간이 사회적 존재라는 명제는 바뀌지 않는 것이다. 과거 물리적 거리를 중심으로 관계를 형성했다면 현재는 SNS를 중심으로 관계를 형성하고 있다. SNS를 통해 여행, 음악, 미술, 요리, 운동 등을 함께하는 다양한 동호회 앱들은 큰 인기를 누리고 있다. 랜선 집들이, 랜선 파티 등이 유행하고 있는 것은 인간이 여전히 관계 맺음의 욕구를 가진 존재임을 나타낸다. 함께하고 싶지만 불편함을 감수하기는 싫고 자신의 취향을 존중하고 싶은 인간은 과거와 다른 방식으로 소통 욕구를 충족하고 있을 뿐이다. 코로나 19 사태로 가장 조명받은 트렌드는 '언택트(untact)' 기술이다. 하지만 시간이 지날수록 언택트 기술이 지향해야 할 방향은 인간과의 단절이나 대체가 아니라, 인간직인 접촉을 보완해 주는 역할이어야 한다는 점이 부각되고 있다. 역설적이게도 '휴먼터치(human touch)'의 필요성이 커진 것이다(김난도 외, 2020).

이처럼 현대인들의 가치관이 변화하고 있고, 시대적 흐름에 따라 모이는 형태와 방식이 바뀌고 있는 것은 사실이지만 인간은 함께해야 즐겁고 행복함을 알기에 여전히 다양한 방식으로 공동체를 만들고 그 속에서 살고 있다. 이러한 인간의 모습은 김정기(2019)가 설명하고 있는 인간의 특성에서 잘 나타난다. 그는 "인간이란 밀실과 광장을 오가는 존재로, 밀실처럼 타인으로부터 간섭 받지 않고 자유롭게 혼자 있기를 바라면서도, 때론 광장 속에서 타인과 함께하고 싶어 한다."고 하였다. 이처럼 인간은 공동체 속에서 행복하고, 타인과의 관계 속에서 성장하고 발전하는 존재라는 것을 알 수 있다.

> 코로나19 위기에도
> 인간은 사회적 동물로 남을 것이다.
> 인간은 여전히 만나고 교류하며,
> 함께 모여 어려움을 나누고 싶어 할 것이기 때문이다.
>
> - 유발 하라리(Yuval Noah Harari)

2. 공동체 의식은 왜 중요한가?

1) 공동체 의식과 개인의 안녕

2013년 3월 21일자 「타임」지는 밀레니얼 세대(Millennial generation)를 나나나 세대(The Me Me Me Generation)라고 명명하였다. 나나나 세대는 행복과 성공의 기준을 '나'로 두는 세대를 말한다.

타인이 평가하는 성공의 잣대나 시선을 중요하게 여기지 않고 자신의 주관대로 삶의 노선을 정하고 행복을 추구하는 '나나나 세대'의 가치관은 긍정적이라고 할 수 있다. 그러나 이것이 잘못 해석되어 과도한 개인주의가 합리화될 경우 부정적 결과를 초래하게 된다. 과도한 개인주의는 공동체의 화합과 발전에 악영향을 미치고 공동체의 문제는 곧 개인의 문제도 야기한다. 개인의 안녕이 결코 개인이 속한 공동체나 사회의 안녕과 별개로 존재할 수 없기 때문이다. 공동체의 안녕은 구성원들의 안녕과 관련이 있고, 개인의 행복 추구는 공동체 속에서만 가능하다. 공동체에 문제가 생길 경우 개인의 안녕과 행복 실현은 불가능하다고 볼 수 있다.

이와 같은 이유로 많은 연구자가 개인의 안녕과 행복을 증진시키기 위한 방안으로 개인의 맥락적 요소에 주목하는 것이다. 개인의 맥락적 요소란 공동체, 즉 개인이 속한 집단, 환경을 의미한다. 호쏜, 헤어먼 및 머피(Hawthorne, Herrman, & Murphy, 2006)는 사회적 지표(경제적 자원이나 GDP 등)가 개인의 삶에 영향을 미치는 중요한 요소이지만, 개인이 느끼는 삶의 질은 자신이 속한 사회 환경에 대해 어떻게 평가하느냐에 달려 있다고 하였다. 개인의 삶의 질에는 개인과 환경 사이의 관계가 많은 영향을 미친다는 것이다. 즉, 개인이 느끼는 삶의 질은 자신이 속한 공동체의 환경에 큰 영향을 받기에 공동체와의 관계를 배제하고는 생각할 수 없다.

현대인들은 '행복'이라는 가치를 중시한다. 개인의 행복이 어디에서 오는지에 대한 연구는 다양한 분야에서 활발하게 진행되고 있는데, 많은 연구 결과가 공통적으로 나타내는 것은 개인의 안녕과 행복이 공동체와 별개로 존재하지 않는다는 사실이다. 주변 사람들이 힘들어하는 가운데 혼자서만 행복하기가 어렵고, 자신이 속한 공동체가 위협적인 환경이라면 스스로 안녕을 지킬 수도 없다. 내란, 내전은 개인의 안녕을 위협하기에 목숨을 거는 위험을 감수하면서까지 삶의 안녕을 찾아 떠나는 난민들을 우리는 보아 왔다. 또한, 인종 차별이 심한 공동체 속에서는 행복하지 않기에 치열하게 시위를 하는 흑인들이 있음을 우리는 알고 있다. 이와 같은 사례들은 공동체와 개인이 운명을 같이하는 존재라는 것을 여실히 보여준다. 이처럼 개인이 행복하려고 노력해도 공동체의 도움 없이는 개인의 안녕과 행복을 지킬 수 없다. 개인의 행복은 타인의 행복과 연결되어 있으므로 개인이 필요로 하는 삶의 조건들을 충족시키기 위해서는 개인이 속한 집단, 사회, 즉, 공동체의 도움이 필요하다.

행복은 개인이 느끼는 긍정적인 심리 상태로 주관적인 평가이다. 따라서 학자들은 주관적 안녕감(subjective well-being)을 개인의 행복감을 재는 지표로 본다. 주관적 안녕감이란 개인이 자신의 삶의 질에 대해 내리는 인지적·정시적 평가를 말한다.

최근 공동체 의식은 개인의 스트레스 해소와 주관적 안녕감 증진을 위한 주요 변수로 주목받고 있다. 공동체 의식을 가지지 못한 사람은 스트레스나 부조화 같은 부정적 심리를 경험하게 되고, 공동체 의식이 높은 사람은 부정적 심리 상태가 줄어 주관적 안녕감을 느낄 수 있다는 것이다.

공동체 속에서 개인이 느끼는 안선과 신뢰는 자신이 결속력 있는 사회적 연결망 내에 있다고 생각하게 하기 때문에 주관적 안녕감을 가져다준다. 또한 개인이 느끼는 공동체 안에서의 만족은 높은 공동체 의식으로 이어지고, 이는 다른 구성원들과 긍정적인 영향을 주고받을 기회를 제공해준다. 주관적 안녕감이 높은 구성원들은 타인과의 문제에서 발생할 수 있는 부정적 영향을 덜 받게 되고, 구성원 서로가 주게 되는 긍정적 영향으로 사회적 지지를 견고하게 느낀다. 사회적 지지가 견고하다는 것은 자아탄력성(resilience), 즉 스스로 어려움을 극복할 수 있는 능력을 갖게 되는 것을 의미한다.

아들러는 공동체 내에서 느끼는 소속감이나 동료애, 타인에 대한 관심과 흥미, 공동체를 위한 활동 등을 '사회적 관심'이라 하였는데, 사회적 관심이 개인의 정신건강을 측정하는 하나의 수단으로 사용될 수 있다고 주장하였다. 우리가 주변에서 보게 되는 정신건강에 문제가 있는 사람들, 즉 알코올 중독자, 정신질환자, 신경증 환자, 범죄자 등은 사회적 관심 부족이 큰 이유가 될 수 있다는 것이다. 즉, 인간의 본성은 사회적 관심에 의해 충족될 수 있고, 사회적 관심이 높을수록 자기효능감. 심리적 안녕감, 삶의 만족, 적응이 높게 나타난다.

버메스터와 리어리(Baumeister & Leary, 1995)도 인간의 욕구가 공동체 의식과 관련이 있음을 밝혔다. 집단 속에서 구성원들이 서로 영향력을 주고받으며 정서적 유대감을 가질 때 인간은 행복할 수 있는데, 이는 공동체 의식을 기반으로 충족될 수 있음을 주장한 것이다.

주관적 안녕감

- 자신의 삶에 대해 인지적, 정서적으로 내리는 주관적 평가
- 만족감, 행복감, 안정감 등의 긍정적 정서

2004년 우리나라 중 3, 고 3이었던 학생들 약 5,000여 명을 2013년 25~28세 성인에 이르기까지 추적 조사하여 사회적 자본과 개인의 행복과의 관계를 증명한 연구

가 있다(장은진, 2018). 연구 결과, 개인이 가지고 있는 사회적 자본, 즉 주변 사람들과의 관계, 모임 참여, 타인과 집단에 대한 신뢰, 자신이 속한 환경의 안전성에 대한 느낌 등은 개인의 행복과 관계가 있는 것으로 나타났다. 행복한 집단일수록 사회적 자본을 보유하고 있는 정도가 모두 유의미하게 높았다. 즉, 행복한 집단은 가족, 친구, 다양한 집단에 대한 신뢰도가 높았고 주변 환경을 더 안전하게 인식하였다. 이는 개인의 행복과 사회적 관계의 연관성을 입증한 사례이다.

한편, 베냐드와 윌리엄스(Banyard & Williams, 2007)는 자신이 속한 공동체에 대한 긍정적인 생각과 애착이 일상생활 속에서 부딪히게 되는 부정적 사건의 영향을 감소시킨다는 연구 결과를 발표하였다. 살다 보면 누구나 작고 사소한 갈등들을 일상 속에서 겪게 되는데, 이것이 가져오는 파급이 작은 파장으로 끝날지 큰 파도처럼 일어나 삶을 지배할지는 공동체의 환경에 따라 달라질 수 있다는 것이다.

우리는 최근 일상 속에서 일어나는 작고 사소한 갈등들이 살인, 폭력과 같은 큰 범죄로 이어지는 사례를 매스컴을 통해 자주 접한다. 우리가 접하는 사회 속 큰 범죄들은 대부분 일상의 작은 갈등에서 시작되는데, 공동체와의 좋지 않은 관계는 작은 갈등을 큰 범죄로 발전시킬 가능성을 높인다. 자신이 속한 집단에 대한 불신과 증오가 공동체의 다른 구성원들에게까지 전달되고 이것이 결국 구성원들 간 큰 문제로 번지게 되는 것이다. 이처럼 공동체 의식은 개인의 갈등을 완화하고, 부정적인 사건의 영향력을 감소시키는 기제로 작용할 수 있다.

즉, 높은 공동체 의식은 구성원의 욕구를 충족시켜 삶의 만족도, 주관적 안녕감 등을 높이고, 공동체 의식의 결여는 개인의 심리적 안녕에 위협을 주어 스트레스나 우울, 불행 등을 나타나게 한다. 이러한 관점에서 본다면, 공동체 구성원들에게 어떠한 공유가치가 자리 잡고 있는지, 개인이 공동체를 얼마나 지지하고 있는지는 개인의 행복과 깊은 상관이 있음이 분명하다. 따라서 구성원들의 공동체 의식은 개인이 속한 공동체가 어떻게 개인의 안녕과 행복에 영향을 미치고 있는지를 보여주는 좋은 지표이자 사회 구성원들의 관계를 평가하는 중요한 잣대가 될 수 있다.

인적 자원은 공동체의 중요한 자원이다. 공동체에 속한 구성원이 행복하다는 것은 한 개인이 자신의 역량을 발휘할 수 있고, 원하는 것을 적극적으로 해낼 수 있으며 서로 신뢰하는 환경 속에서 안전하게 지낼 수 있음을 의미한다. 공동체의 구성원들이 행복하고 자신의 역량을 마음껏 펼칠 수 있고, 신뢰할 수 있는 환경 속에 있을 때 공동체가 발전할 수 있다. 결론적으로 말하면, 공동체 의식 수준이 높은 국가에서는 구성원들이 서로 신뢰하고 협력하기 때문에 개인주의가 팽배한 국가보다 번영할 수밖에 없다. 또한 공동체 의식 수준이 높은 국가에 속한 국민은 그렇지 않은 국가에 비해 안전한 환경에서 자신의 역량을 마음껏 발휘할 수 있기에 더 행복하고 크게 성장할 수 있다.

2) 공동체 의식과 사회 통합

문화의 정의는 학자마다 다르고 매우 폭넓게 정의될 수 있지만, 공동체 속에서 공유된 개인의 가치라는 의미로도 사용된다. 다시 말해 인간이 속한 공동체가 가지고 있는 문화는 곧 개인의 가치에 영향을 미친다. 인간은 사회적 동물이다. 그렇기에 인간이 지닌 생각, 믿음 체계, 행동 등은 그들이 속한 공동체의 선호, 관계, 맥락에 의해 영향을 받게 된다. 따라서 인간은 세상을 개인적 관점에서뿐만 아니라 사회적 관점에서 바라보는 공동체적 특성을 지니고 있는 존재라고 할 수 있다.

인간은 자신이 속한 공동체의 문화와 전통에 의해 학습되는 존재이고, 이렇게 학습된 인간관, 사회관 등을 통해 자신만의 가치관, 즉 프리즘을 가진다. 누구나 자신의 프리즘으로 세상을 인식하고 판단하며 자신의 행동을 선택한다. 이러한 이유로 사람들마다 동일한 사건에 대해 판단하는 바가 다르고, 동일한 상황에서 서로 다른 선택을 하게 되는 것이다. 어떤 문화권에서는 노인이 사회 구성원으로서 대접받지 못하고, 어떤 문화권에서는 가문의 명예를 실추시킨 사람의 살인이 합리화되기도 한다. 반면, 어떤 문화권에서는 노인 공경의 가치를 중시하고, 가문의 명예보다는 개인의 인권을 큰 가치로 여긴다. 이러한 가치관 차이는 공동체 문화와 전통에 의한 학습 때문이다. 인간이 이성적 존재임을 우리는 알고 있다. 그러나 인간은 모든 상황에서 이성적으로 세상을 해석하고 판단하지 못한다. 왜냐하면 공동체 속에서 학습된 문화와 전통 등이 존재하기 때문이다. 문화는 공유된 믿음체계이기 때문에 인간의 판단과 행동에 영향을 미치고, 때론 인간이 이성적 판단을 하는 데 걸림돌이 되기도 한다. 특정 문화가 지니고 있는 선입견이나 편견 등이 유효한 시각으로 살아남아 인간이 살아가는 데 지속적으로 영향을 미친다. 따라서 선입견, 편견, 부정적 가치관이 아닌 정의와 공정에 기반한 공동체 문화는 인간이 바람직한 삶을 살아가는 데 반드시 필요하다.

공동체 의식은 사회참여, 사회 문제 인식 등과 같은 사회적 관심과도 관련이 높다. 공동체 의식은 공동체가 가진 문제를 인식하고 그것의 해결에 동참하며 함께 가치를 추구하려는 노력이므로 사회적 관심의 시작이다. 공동체 의식이 없다면 사회에서 일어나는 많은 문제에 무관심하게 되고 공동체가 함께 협력해야 할 일에 동참하지 않는다.

우리가 살아가는 공동체 안에서 야기되는 많은 문제 역시 지나친 개인주의와 공동체 가치 상실에서 기인한다. 지나친 개인주의는 자신과 다른 생각, 가치관을 가진 사람들을 무시하고 무관심하게 만들어 인간소외를 심화시킨다. 그뿐만 아니라 이념, 가치관, 종교, 피부색에 따른 대립이 심화되면 지나친 편 가르기 현상이 나타나 공동체 기반을 위협한다. 많은 사회에서 일어나고 있는 정치적 대립, 인종 간 갈등, 종교적인 다툼 등은 공동체 가치 상실로 인한 문제들이다. 반면, 공동체 의식이 높은 집단의 구성원들은 집단의 문제를 해결하고 더 좋은 공동체를 만들기 위해 힘을 모은다. 이는 사회적 관심으로 이어져 구성원들의 사회참여, 문제 해결, 협력 등 긍정적 사회자본을 축적하게 만든다. 따라서 구성원들의 공동체 의식은 사회가 통합하고 발전하는 데 원동력이 된다.

특히, 사회가 복잡해지고 다양한 가치관이 존재할수록 공동체 의식은 더욱 필요하다. 구성원들이 가지고 있는 의식은 각자의 행동이나 태도를 결정하는 가치 판단의 기준이 되기 때문이다. 구성원들의 공동체 의식은 주어진 상황에서 각 개인의 행동이 각자의 기대 수준에 맞도록 조정하는 역할을 수행한다. 공동체의 구성원들이 각자의 기대 수준에 맞도록 행동하면 공동체에 속한 개인은 인지부조화(cognitive dissonance)로 인한 심리적 갈등이 적다. 구성원들 간 가치관이 충돌하고 서로에게 기대하는 태도나 행동의 차이가 크면 갈등이 발생하게 된다. 따라서 공동체 의식이 높으면 구성원들의 갈등이 적어 공동체가 통합되고 평화로울 수밖에 없다.

문화(culture)

- 공동체 속에서 공유된 개인의 가치
- '밭을 경작하다, 재배하다'라는 의미인 라틴어 'cultus'에서 유래
- 인간이 속한 집단에서 공유되는 생활양식

3. 공동체와 공동체 의식

공동체(community)는 보통 세 가지의 의미로 사용된다. 첫째, 각 개인이 속한 특정 집단, 즉 타인과 상호작용하게 되는 가족, 학교, 종교단체, 지역, 국가 등을 의미한다. 둘째, 특정 공간이나 장소를 의미하기도 한다. 셋째, 각 개인이 모인 집단이 가지고 있는 정서, 가치, 의미 등을 나타내기도 한다. 엄격한 의미로 본다면 공동체와 공동체 의식은 개념 차이가 있으나 공동체는 가치, 정서 등을 의미하기도 하므로 공동체와 공동체 의식은 유사한 개념으로 사용될 수 있다.

공동체 의식은 구성원들이 보편적으로 가지고 있는 집단의식, 사회적 결속과 관련된 의식 등을 말한다. 여기서 말하는 집단의식이란 동일한 공동체의 평균적인 구성원들에게서 나타나는 공통된 감정, 신념을 통해 형성되는 확고한 체계이다.

공동체 의식

- 평균 구성원들의 공통된 감정, 신념 체계

공동체 의식의 요소

맥밀런과 차비스(McMillan & Chavis, 1986)는 공동체 의식을 구성원 의식, 상호영향력, 욕구 충족 및 공유된 정서적 연계 혹은 유대감의 네 가지 하위 요인으로 설명하고 있다.

첫 번째의 하위 요인인 구성원 의식(membership)은 공동체의 구성원들이 보편적으로 가지고 있는 의식을 말한다. 구성원들 각자가 가지고 있는 의식으로, 구성원들 간 관계성, 다른 구성원 및 공동체에 대한 신뢰, 자신이 속한 공동체 환경에 대한 만족, 공동체 속에서의 안전성, 정서적 만족감 등을 의미한다. 또한 자신이 공동체의 일부라는 느낌, 혹은 공동체와 동일시하는 느낌 등을 포함한다.

공동체 의식에는 구성원들이 사용하는 언어도 영향을 미친다. 인간은 환경에 의해 영향을 받는 존재이기에 그들이 사용하는 언어에 따라 의식이 달라지는 것은 당연한 이치이다. 예를 들어, 라틴어를 배우는 사람들은 그들의 언어만 배우는 것이 아니라 라틴어에 포함된 의식과 가치관을 배우게 된다. 과거 로마제국의 언어이자 유럽 사회의 정치, 외교, 학문 분야에 널리 쓰였던 라틴어는 상대를 존중하는 배려의 의미가 담긴 언어로 알려져 있다. "안 됩니다.", "금지합니다." 등과 같은 명령어보다는 "삼가 주시기 바랍니다."와 같은 청유형의 언어가 많이 사용된다고 한다. 상대에게 명령보다는 청유와 부탁의 언어를 쓰는 것은 상대에 대한 존중과 배려의 가치를 담고 있다는 것이다. 과거 우리나라의 초등학교 성적표는 '수, 우, 미, 양, 가'로 표기되었었다. 지금도 '잘함, 보통, 못함'으로 표현하거나 '우수, 열등' 등으로 평가하는 사례가 사회 곳곳에 남아 있다. 그러나 라틴어의 성적 표기는 '숨마 쿰 라우데(최우등)', '마그나 쿰 라우데(우수)', '쿰 라우데(우등)', '베네(좋음·잘했음)'이다. 이렇듯 타인을 긍정적인 시각으로 보고사 하는 것과 존중의 언어로 표현하려고 하는 가치관을 우리는 라틴어에서 엿볼 수 있다(조선일보, 2018. 09. 15.). 이처럼 언어에는 언어를 사용하는 구성원들의 의식이 포함되어 있다. 이러한 이유로 일제강점기 때 일본은 우리말 말살 정책을 펴고 일본어를 사용하게 하였다. 언어를 사용하지 못하게 하는 것은 그들의 의식을 말살시키는 것과 같기 때문이다.

두 번째 요인인 상호영향력(influence)은 구성원이 집단의 변화나 개선을 위해 무언가를 할 수 있고, 집단 역시 구성원들에게 영향을 미치는 것을 의미한다. 개인이 집단의 구성원으로서 의사결정에 참여하거나 집단의 변화와 발전을 위해 의견을 제시하는 등의 영향력을 미칠 수 있는 것을 말하고, 집단이 구성원들의 복리와 행복, 공동체의 질서와 안녕을 위한 역할을 할 수 있는 것을 의미한다.

윤석철(2001)은 자연 생태계 속의 '주고받음'은 먹이와 번식 차원이지만, 인간의 공동체 속에서는 물질적·경제적 가치는 물론, 정신적·정서적 가치 등 모두가 주고받음의 대상이 된다고 하였다. 그는 '주고받음이 원활하지 못한 공동체는 그것이 국가든 기업이든 혹은 개인이든 모두 쇠퇴하거나 사라지는 것이 역사의 증언'이라며 상호영향력의 중요성을 강조하였다. 이처럼 국가는 국민이 잘살 수 있도록 정치, 경제, 사회 전반의 서비스를 제공해야 하고, 국민은 납세, 국방 등의 의무와 의사결정에 적극적으로 참여해야 한다.

폐쇄주의 국가에서는 집단이 개인을 통제하고 영향력을 행사할 수 있지만 개인이 국가의 정책, 의사결정에 참여하는 것은 제한되어 있다. 이는 공동체 의식의 중요한 요소인 상호영향력이 결여된 것으로 볼 수 있다. 그러나 우리나라의 경우 구성원이 공동체의 의사결정에 투표, 국민 청원 등 다양한 방법으로 영향력을 행사하고 있다.

한 집단이 응집력과 견인력을 가지려면, 그 집단이 개별 구성원들에게 영향력을 행사해야 하지만, 구성원들도 그 집단을 통제하고 영향력을 행사할 수 있어야 한다. 집단 구성원들이 자신이 속한 공동체에 영향력을 행사할 수 있다는 믿음은 공동체의 구성원으로서의 소속감과 공동체의 일부라는 느낌을 준다.

집단과 구성원 간의 상호작용 외에도 집단 내 구성원 간의 영향력도 공동체 의식에 영향을 미친다. 공동체 구성원들이 서로에게 무관심하거나 냉담하기보다 서로에게 관심을 갖고 긍정적인 상호작용을 많이 할수록 이들 사이에 긴밀한 관계가 형성될 가능성이 더 높아진다. 친구 사이에서도 긍정적 상호작용을 주고받을수록 친밀한 관계를 유지하게 되고, 상호작용이 소원해질수록 관계가 멀어지는 것과 같이, 구성원들의 상호작용이 긍정적일수록 공동체의 결속감은 더 강해지며, 이러한 결속감은 공동체 의식으로 발전한다. 김형국과 이상신(2012)은 사회적 자본, 즉 구성원이 여러 사회 집단에 소속되어 적극적으로 타인을 만나는 경우, 사회적으로나 문화적으로 더욱 풍요로운 삶을 누릴 가능성이 높다고 하였다. 이처럼 구성원들이 맺고 있는 사회적 관계망과 국가에 대한 자부심은 개인의 삶을 풍요롭게 인식하도록 하는 중요한 요인이다.

세 번째 하위 요인은 욕구의 통합과 충족(integration and fulfillment of needs)이다. 이는 각 개인이 필요로 하고 원하는 욕구를 집단 및 집단 구성원들이 얼마나 충족시켜 줄 수 있는가를 의미한다. 집단이 구성원의 욕구를 충족시킨다는 것은 한 개인이 집단의 구성원 자격을 갖게 되면서 얻는 자원을 통해 행복, 정서적 만족 등을 느끼는 것을 말한다. 예를 들면, 한 나라의 시민권을 가지게 됨으로써 얻게 되는 혜택, 한 집단의 구성원으로서 누리게 되는 복지, 서비스와 같은 것이다. 집단이 구성원들에게 제공하는 혜택과 보상이 구성원들의 욕구를 충족시켜 줄 때 구성원들의 만족도가 높고, 집단에 대한 소속감 역시 증가한다. 따라서 조직 구성원들의 욕구를 통합·충족하는 것은 공동체 의식을 함양하는 데 있어 매우 중요하다.

애쓰모글루와 로빈슨(Acemoglu & Robinson, 2012)은 근원, 지리, 기후, 배경, 문화가 흡사한 집단일지라도 그들이 속한 공동체에 따라 삶이 어떻게 달라지는지를 설명하였다. 그들이 예를 들어 설명한 곳은 미국과 멕시코 국경인 노갈레스(Nogales) 시이다. 노갈레스 시는 담장을 사이에 두고 남북으로 나뉘어져 있다. 담장의 북쪽은 미국 애리조나(Arizona) 주, 남쪽은 멕시코 소노라(Sonora) 주에 속한다. 북쪽 주민들은 연평균 가계 수입이 3만 달러가량이고, 성인 대다수가 고등학교 졸업장을 보유하고 있다. 이들은 미국 공공건강보험의 수혜를 받고 있고, 공중 보건, 도로망, 법 질서 유지 등, 국가로부터 받는 다양한 서비스를 당연하게 여긴다. 담장의 남쪽 주민들은 멕시코에서는 비교적 잘사는 축에 들지만 연평균 가계 수입은 애리조나 주 노갈레스 주민의 3분의 1 수준에 불과하고, 성인 대다수가 고등학교를 졸업하지 못했으며, 공중보건 환경도 열악하다. 이들은 북쪽 이웃이 당연하게 여기는 공공서비스를 누리지 못해 평균 수명도 북쪽 이웃에 비해 짧고, 열악한 생활을 하고 있다.

이처럼 동일한 근원, 배경, 문화를 가진 두 집단의 삶이 현격한 차이를 보이는 것은 그들이 속한 공동체가 다르기 때문이다. 공동체가 구성원들의 욕구를 충족할 만한 경제적·사회적 제도를 비롯한 다양한 서비스를 마련하고 있는지 여부에 따라 구성원들의 삶의 모습은 달라질 수밖에 없다. 소노라 주 노갈레스 주민을 비롯한 많은 멕시코인들이 경계가 삼엄한 미국 국경을 필사적으로 넘으려 하는 데는 이러한 이유가 있다. 자신이 속한 집단이 제공하는 서비스를 누리며 사는 사람들과 자신이 속한 집단의 국경을 넘어서라도 다른 곳으로 가고자 하는 사람들의 공동체 의식을 비교해 본다면 어느 쪽이 높을지는 불 보듯 뻔한 일이다. 이 같은 사례에서 알 수 있는 바와 같이 공동체 의식에는 구성원들의 욕구를 통합·충족하기 위한 공동체의 제도와 서비스 등의 마련이 필수적이다.

김형국과 이상신(2012)은 국민이 국가에 소속되어 느끼게 되는 정치자아존중감과 문화자아존중감은 구성원의 풍요 인식에 매우 큰 영향을 주는 변수라고 하였다. 특히, 정치자아존중감은 국가와 개인 수준의 풍요지표 인식에 매우 중요한 결정요인이며, 문화자아존중감은 미래의 풍요 정도를 예측하는 데 상대적으로 더욱 중요한 영향을 미치므로 개인이 풍요로운 삶을 살기 위해서는 자신이 속한 국가와 사회에 대한 긍정적 인식이 중요하다고 하였다. 설령 스스로 경제적으로나 사회적으로 부유하게 살아가는 개인이라고 해도, 자신이 소속된 집단에 대한 자부심과 정체성, 그것이 가져다주는 소속감 및 안정성 없이는 풍요한 삶을 사는 것에 한계가 있을 수 있음을 강조한 것이다.

네 번째 하위 요인은 공유된 정서적 연계(shared emotional connection) 혹은 유대감(emotional bond)이다. 개인이 집단에 속해 있다고 느끼거나 집단과 자신이 하나라고 생각하는 것, 혹은 구성원들이 긍정적인 정서로 서로 연결되어 있다고 생각하는 것을 말한다. 공유된 정서를 갖기 위해서는 집단의 구성원들이 함께 공유한 기억이 필요하다. 즉, 집단의 구성원들이 같은 시공간에서 함께 경험한 역사는 공통된 생각과 기억을 갖게 하고 이는 곧 구성원들의 정서적 연계와 유대감으로 이어진다.

인간은 가족, 학교, 공동체의 구성원으로서 자신이 속한 집단이 공유하고 있는 지식을 학습을 통해 전승받는다. 학습된 지식 안에는 공동체 속에서 살아가는 데 필요한 문화, 즉 올바른 행동, 관습, 가치관, 직업관, 세계관, 예술적 시각 등 다양한 분야가 모두 포함된다. 따라서 공동체가 겪어 온 역사 속에서 만들어진 문화는 그 집단이 공유하는 지식이라고 말할 수 있다. 인간은 이러한 지식을 습득하며 공동체에 적합하도록 사회화되며, 그 사회적 맥락 속에서 가치관을 내면화한다. 가치관의 내면화는 수치심이나 죄의식을 느끼는 상황, 판단 기준에 영향을 미친다. 즉, 사회적 관계 속에서 자신의 행동 방향과 타인 행동에 대한 기대 수준을 설정하게 한다.

전승된 지식에는 사회를 바라보는 시각, 타인에 대한 추상적인 지식도 포함된다. 사회와 타인을 통해 습득된 지식을 내면화하는 과정에서 세상에 대한 굳건한 믿음 체계를 만들게 된다. 현재 우리 사회에서 금수저, 흙수저라는 신조어가 자주 등장한다. 부모의 경제적·사회적 지위가 높아 태어날 때부터 좋은 환경을 누리는 사람과 부모의 능력이 없고 환경이 좋지 못해 경제적 도움을 전혀 받지 못하는 사람을 빗대어 이르고 있다. 금수저, 흙수저라는 신조어는 출생 환경에 따라 출발선이 다르게 되는 공정하지 못한 상황, 열심히 노력해도 정당하게 보상받기 어려운 사회 환경 등을 이야기할 때 자주 언급된다. 금수저, 흙수저의 사례처럼 자신이 속한 집단이 공정하게 보상을 해줄 수 있는지에 대한 믿음도 사회와 타인을 통해 전승된 지식이다. 이렇게 전승된 지식은 자신이 속한 사회가 정의롭고 공정한 보상을 해줄 수 있다는 믿음을 갖게 하고 구성원들이 주체적으로 노력하며 살 수 있게 하여 공동체 발전의 원동력이 된다.

사회에 대한 믿음이나 신념뿐 아니라 타인에 대한 신뢰 역시 구성원들을 협력하게도 하고 분열하게도 한다. 예를 들어, 자신이 속한 집단의 구성원들이 자신의 이익을 위해서는 수단과 방법을 가리지 않는다거나 이 세상에 믿을 사람은 자신밖에 없다거나 자신이나 자신과 가까운 사람의 이익을 위해서는 어느 정도의 부정부패는 용인돼도 된다거나 하는 신념이 자리 잡고 있다면 사회적 상황에서 더 이기적으로 행동하게 되고 타인을 신뢰하지 못하므로 협력하지 않게 된다. 구성원들의 이러한 생각이나 신념들은 서로 다른 개인에게 전승되고 영향을 미치게 된다. 따라서 구성원들에게 전승된 지식은 사회가 협력하고 통합되도록 하고 사회가 발전하는 데 큰 영향을 미친다. 이러한 관습적 사고, 신념 등은 행동으로 나타나게 되고 이것은 현 세대에서 끝나지 않고 후대로 전승된다. 이러한 과정에서 구성원들은 정서적 연계, 유대감을 형성하게 된다.

이와 같이 공유된 정서적 연계, 유대감은 지역사회 구성원들이 공통된 장소와 시간 속에서 경험한 것들이 가치, 신념체계 등을 만들고 그것이 오랜 역사를 통해 공유되며 형성되는 것이다. 이렇게 형성된 정서적 연계와 유대는 구성원들에게 현재뿐 아니라 미래에도 공유될 것이라는 믿음을 주게 되고 구성원들의 헌신을 유도한다. 따라서 구성원들이 긍정적이고 정의로운 정서로 연계되어 있을 때 공동체의 유대는 더욱 강해지고 사회는 발전할 수 있다.

공동체 의식의 구성 요소

- 구성원 의식
- 상호영향력
- 욕구의 통합과 충족
- 공유된 정서적 연계 및 유대감

출처: McMillan & Chavis(1986)

한편, 공동체 의식 형성에 방해되는 요소는 구성원들이 가지고 있는 고정관념이나 선입견이다. 인간은 누구나 자신만의 내면화된 믿음으로 세상을 바라보는 시각, 프레임(frame)을 가지고 있다. 한 개인이 타인과 사회, 세상에 대해 갖고 있는 내면화된 믿음은 대상을 그 각도에서 바라보게 한다. 자신이 가지고 있는 믿음 체계로 세상의 모든 대상을 바라보기 때문에 동일한 상황일지라도 인간에게 각자 특정한 정보로 달리 해석된다. 이러한 자신만이 가지고 있는 프레임은 특정 대상이나 상황에 대한 고정관념이나 선입견, 혹은 편견을 갖게 한다. 예를 들면, '남자와 여자는 이런 점이

다르다.', '○○ 지역 사람들은 신뢰하기 어렵다.', '○○ 학교 출신은 이기적이다.', '○○ 나라 사람들은 가식적이다.' 등이 흔히 우리가 갖게 되는 편견들이다. 이렇듯 무수히 많은 개인의 내면화된 믿음은 타인, 사회, 국가, 타 문화와 상호작용할 때마다 작동한다. 따라서 유연한 사고를 갖지 못하게 하고, 다양한 각도에서 해석하는 것을 방해하며 무한한 가능성을 제한한다. 따라서 구성원들이 서로 협력하고 사회가 발전하기 위해서는 전승된 지식 중 선입견, 편견 등을 없애는 노력이 필요하다.

긍정적으로 전승화된 문화를 내면화하게 되면 사회 구성원 간에 쉽게 협력을 유도할 수 있고, 지식을 공유하며 확대할 수 있다. 이는 공동체 구성원들이 더불어 살아가는 데 매우 편리하고 유용하게 작용한다.

> 자극과 반응 사이에는
> '인지'라는 주관이 존재한다.
>
> – 알프레드 W. 아들러(Alfred W. Adler)

Activity 1

자신의 주관적 안녕감 수준을 확인해 보세요.

단축형 행복척도(COMOSWB)

다음은 삶의 만족에 대한 질문입니다. 우리의 삶은 개인적 측면(개인적 성취, 성격, 건강 등), 관계적 측면(주위 사람들과의 관계 등), 집단적 측면(내가 속한 집단-직장, 지역사회 등)으로 구분될 수 있습니다. 삶의 각 측면에서 귀하께서 중요하게 생각하시는 부분을 떠올려 보십시오. 귀하는 그러한 삶의 각 측면에 대해서 얼마나 만족하십니까? "전혀 그렇지 않다.(1점)"에서부터 "매우 그렇다.(7점)"까지의 보기 중에서 귀하의 생각과 가장 가까운 번호를 골라 주십시오.

전혀 그렇지 않다.						매우 그렇다.
1	2	3	4	5	6	7

________ 1) 나는 내 삶의 개인적 측면에 대해서 만족한다.

________ 2) 나는 내 삶의 관계적 측면에 대해서 만족한다.

________ 3) 나는 내가 속한 집단에 대해서 만족한다.

다음은 지난 한 달 동안 귀하가 경험한 감정을 묻는 질문입니다. 지난 한 달 동안 무엇을 하며 지냈는지, 어떤 경험을 했는지 생각해 주십시오. 그리고 나서 다음에 제시되는 감정들을 얼마나 자주 느꼈는지 "전혀 느끼지 않았다.(1점)"에서부터 "항상 느꼈다.(7점)"까지의 보기 중에서 번호를 골라 주십시오.

전혀 그렇지 않다.						항상 그렇다.
1	2	3	4	5	6	7

________ 4) 즐거운 ________ 6) 편안한 ________ 8) 부정적인

________ 5) 행복한 ________ 7) 짜증나는 ________ 9) 무기력한

점수계산

만족감 총점: 문항 1+2+3 긍정정서 총점: 문항 4+5+6

부정정서 총점: 문항 7+8+9 최종 행복 점수: 만족감 + 긍정정서 − 부정정서

출처: 조현영(2013) 연구에서 참고함

Activity 2

우리 사회에는 성, 인종, 지역 등 다양한 고정관념이 존재합니다. 그러나 구성원들의 고정관념이나 선입견은 공동체 의식 형성에 방해가 되는 요소이므로 고정관념에서 벗어나기 위한 노력이 필요합니다. 광고에 등장하는 고정관념의 사례를 찾아 그 설명해 보세요.

	광고	고정관념의 종류 (성, 인종 등)	광고에서 찾을 수 있는 문제점
1			
2			
3			

Activity 3

자신의 성역할 고정관념 수준이 어떠한지 체크해 보세요.

다음의 문항을 읽고 자신의 생각과 가장 가까운 곳에 체크한 후 문항별 점수를 합산해 보세요. 점수가 높을수록 전통적인 성역할 고정관념을 많이 지니고 있음을 의미합니다.

번호	문항	전혀 그렇지 않다	별로 그렇지 않다	대체로 그렇다	매우 그렇다
1	여자가 먼저 성적 욕구를 표현하는 것은 바람직하지 않다.	1	2	3	4
2	성경험이 많다는 건 남자들 사이에서 능력 있는 걸로 통한다.	1	2	3	4
3	여자는 성행동 시 남자가 터프하길 기대한다.	1	2	3	4
4	결혼할 때까지 동정을 지킨 남자는 어리숙해 보인다.	1	2	3	4
5	여자들은 남자를 통제함으로써 힘을 행사하려고 한다.	1	2	3	4
6	성관계는 보통 남자가 참지 못했을 때 가능해진다.	1	2	3	4
7	여자들은 별 것 아닌 말이나 행동을 성차별적인 것으로 해석하는 경향이 있다.	1	2	3	4
8	남자에게는 사회적 성공이 무엇보다 중요하다.	1	2	3	4
9	여자들은 남자들에게 성적인 관심을 보이다가 남자가 다가가면 거절한다.	1	2	3	4
10	성행위는 상대를 소유했다는 의미로 통한다.	1	2	3	4
11	남자는 남의 의견을 따르기보다 자기의 주장을 펼칠 수 있어야 한다.	1	2	3	4
12	남자는 성교 시 여자를 만족시켜야 한다는 생각을 갖는다.	1	2	3	4
13	육아의 우선적인 책임은 여자에게 있다.	1	2	3	4
14	가족의 생계부양 책임은 일차적으로 남자에게 있다.	1	2	3	4
15	'남자의 성욕은 참을 수 없다.'는 말이 일리가 있다.	1	2	3	4

출처: 강지영(2019) 연구에서 참고함

CHAPTER

02

공유가치 창출의 효과

SHARED VALUE

1. 공유가치의 개념 및 중요성

공유가치는 구성원들이 목표, 정책, 행동 등을 결정함에 있어 중요성, 적절성, 타당성 등을 판단하는 공통의 신념이다. 구성원들의 공통된 신념은 공동체 의식의 기반이 되며 이는 곧 조직을 효율적으로 이어 주는 끈끈한 매개체가 된다. 따라서 공유가치는 조직에 힘과 혼을 불어넣고 구성원들에게는 삶의 의미를 부여하는 중요한 역할을 한다.

조직 가치관은 구성원의 행위에 폭넓은 영향을 미친다. 구성원 개인의 가치와 조직의 가치가 일치하였을 경우와 그렇지 않을 경우 나타나는 결과의 차이는 매우 크다. 조직과 개인의 가치가 일치할 경우, 구성원들은 조직을 하나의 공동체로 인식하고 다른 구성원들을 가족처럼 친밀하게 여긴다. 따라서 개인과 조직의 가치 공유는 구성원의 조직에 대한 애착 증가와 조직 구성원들 간 응집력 강화에 영향을 미친다. 또한 구성원이 조직과 같은 가치를 가지고 있을 때, 인지부조화와 갈등이 적어 조직 몰입도와 만족도가 높아지며 구성원 개인의 주관적 안녕감도 향상된다.

최근 기업들은 공유가치에 주목하는데, 이는 기업 경영 측면에서 볼 때 공유가치가 조직의 바람직한 행동을 제시하는 기본 규범으로 작용할 수 있기 때문이다. 조직 구성원들의 가치 공유는 서로 간 소통과 협력을 가능하게 하고, 결국 기업의 목표 달성과 성과에 긍정적 영향을 미친다. 조직 구성원들이 긍정적 가치를 공유할수록 커뮤니케이션과 지식공유 활동이 더 적극적이고 활발하게 진행되므로 협력이 성과를 나타내는 것이다. 또한, 구성원들의 가치 공유는 타 조직과의 경쟁에서 비교우위를 점하는 데에도 유리하다. 가치를 공유하여 목표를 향해 함께 나아가는 조직과 그렇지 않은 조직과는 성과에 있어 차이가 날 수밖에 없기 때문이다. 요컨대, 공유가치는 조직의 화합과 발전에 기여하고, 타 조직과의 경쟁에서 우위를 점하게 하는 원동력이며, 구성원들 간 이해와 협력, 조직의 목표 달성에 필수적인 요소이다.

또한, 조직 구성원들 간 가치 공유뿐 아니라 고객, 이해관계자 등과 같은 외부 대상들과의 가치 공유 역시 중요하다. 고객, 이해관계자들과 조직의 가치를 공유할 경우, 상호 신뢰가 증가하고 관계가 발전한다. 따라서 조직과 개인, 이해관계자들 간 가치 공유는 조직과 개인 모두의 지속적인 성장과 발전을 위한 중요한 요소이다.

구성원들의 공유가치

- 구성원들의 조직 몰입도와 만족도, 주관적 안녕감에 영향
- 이해관계자들과의 소통, 협력에 영향
- 조직의 화합, 목표 달성에 영향

2. 공유가치 등장 배경

1) 1세대 자본주의(19C~1920년대)

봉건 사회 이후 등장한 고전 자본주의를 의미한다. 개인 경제활동의 자유를 최대

한 보장하고 국가의 간섭을 가능한 배제하자는 주장이다. 따라서 정부의 개입보다는 자유로운 시장 경제를 중요하게 생각한다. 곧 경제와 정치를 별개의 활동으로 생각하자는 것으로, 애덤 스미스(Adam Smith)가 『국부론』을 통해 체계화시켰다.

그러나 1세대 자본주의는 여러 경제적 재난들로 인해 인식의 변화를 맞게 된다. 이는 1873~1896년까지 20년 넘는 기간 동안 나타났던 세계적 대불황, 검은 목요일로 알려진 1929년 월스트리트 대폭락부터 1939년까지 지속되었된 미국의 대공황, 극심한 인플레이션과 대규모 실업 등에 기인한 1930년대 세계적 대공황 등이다. 결국 세계 전반에서 일어난 경제적 재난이 가져온 회의적 시각으로 인해 자유 방임주의는 막을 내리게 된다.

2) 2세대 자본주의(1930~1970년대)

2세대 자본주의는 자유 방임주의의 실패로 정부 개입의 필요성에 주목한 것이라 볼 수 있다. 세계적 대공황을 거치면서 대규모 실업과 극심한 인플레이션을 극복하기 위해서는 경제에 대한 정부의 개입이 필요하다는 인식이 생기기 시작하였다. 자본주의가 본질적으로 불안정하다는 의식하에 정부가 정책수단을 동원하여 경기 조절을 해야 한다는 공감대가 나타났다. 이 시기에는 시장 통제를 통해 경제를 안정적으로 관리하는 것이 정부의 중요한 역할로 대두되었고, 결국 정부가 시장 통제를 주도하는 수정 자본주의가 대두되었다. 그러나 정부의 적극적인 경제 개입과 통제에도 불구하고 경제적 안정에 실패하게 된다. 물가 상승으로 인한 스태그플레이션의 위기를 맞게 되었기 때문이다. 이러한 이유로 결국 2세대 자본주의는 1970년대에 끝이 난다.

3) 3세대 자본주의(1980~2000년대 초반)

3세대 자본주의는 시장주도의 신자유주의라고 말할 수 있다. 신자유주의는 19세기 자유 방임주의의 결함과 정부의 경제 개입 필요성을 인정하지만 국가의 전면적인 개입에는 반대한다. 즉, 자본주의 자유시장 경제를 중시하고, 규제 완화 등을 주장하는 자본주의라고 할 수 있다. 경제적 자유 방임주의와 맥을 같이하지만 고전적 자유주의가 국가 개입의 전면적 철폐를 주장하는 데 반해, 3세대 자본주의는 시장경쟁 질서를 유지하기 위해 강한 정부의 역할을 중시하는 신자유주의이다.

3세대 자본주의는 1980년대 초반 영국 대처(The Baroness Thatcher)와 미국 레이건(Ronald Wilson Reagan) 정부의 신자유주의적 개혁으로 탄생하였다. 정부의 개입을 줄이고 시장의 역할을 복원하면서 기업의 다양한 활동과 성과, 책임에 대하여 사회가 평가하는 새로운 패러다임으로 전환된 것이다. 정부는 언제나 비효율적이며 정치적 규제와 정책 개입은 정부의 실패를 낳게 되므로 규제완화, 민간화와 민간위탁, 금융자본에 대한 탈규제로 정부와 기업의 적절한 균형을 유지해야 한다는 패러다임이다.

국가의 개입을 최소화하고, 시장의 자연적 움직임에 집중하되 권력기구를 강화하여 치안과 시장 규율의 유지를 보장하는 '작고도 강한 정부'를 추구한 자본주의이다. 3세대 자본주의는 유연한 노동시장, 금융 규제 완화 등으로 자본의 세계화를 이루는 데 기여하였으나 불가피하게 불평등을 야기하는 요인이 되었고, 이로 인해 공공 영역이 위축되는 결과를 가져왔다.

4) 4세대 자본주의(2008년~현재)

2008년 금융위기 이후 현재까지의 시기이다. 경쟁이 3세대 자본주의가 추구하는 가치였다면 협력은 4세대 자본주의의 가치이다. 4세대 자본주의의 중요한 가치인 경제활동의 효율성 추구는 '협력의 시대'를 모색하는 것이다.

기업의 경영 전략도 효율성의 추구보다는 소비자 참여와 구성원들 간 가치 공유, 협력사들과의 파트너십 중심으로 바뀌고 있다. 기업 마케팅에 있어서도 소비자 참여, 상생을 위한 협력이 핵심적인 의제가 되고 있다. 정신적 가치가 중요하게 여겨지고 있는 현 사회에서 기업이 지속가능한 비전을 가지고 장기적 이익 추구와 사회적 가치 실현을 목표로 하고 있는 것이다.

현재의 따뜻한 자본주의는 마이클 포터(Michael E. Porter)를 중심으로 시작되었다. 하버드 비즈니스 스쿨의 마이클 포터와 FSG의 공동창업자 마크 크레이머(Mark R. Kramer)가 제시한 공유가치 창출(CSV)의 개념은 2006년 1월 「하버드 비즈니스 리뷰」에서 발표한 '전략과 사회: 경쟁우위와 기업의 사회적 책임(CSR)의 연결'에서 처음 등장하였다. 그 후 2011년 1월 발표한 '공유가치 창출: 자본주의를 재창조하는 방법과 혁신 및 성장의 흐름을 창출하는 방법'에서 관련 개념이 확장되어 제시되었다(위키백과). 공유가치 창출은 기업과 사회 및 관련 공동체의 발전이 상호 간에 밀접하게 연결되어 있다는 인식에 기반을 두고 있다.

> 기업의 목적은
> 단순한 수익 추구가 아닌
> '공유가치 창출'로 바뀌어야 한다.
> 그렇게 되면 글로벌 경제 속에서
> 새로운 혁신과 생산성 향상의 물결이 시작될 것이다.
>
> – 마이클 포터와 마크 크레이머(Michael E. Porter & Mark R. Kramer)

3. 사회적 자본, 공동체 의식

사회적 자본은 사회 공동체 구성원들 사이의 네트워크, 규범, 신뢰와 같은 무형의 지원을 의미한다(Putnam, 1993). 즉, 구성원들이 지속적인 네트워크를 유지함으로 획득할 수 있는 실재적이거나 잠재적인 자원이자 조직 내의 바람직한 행동을 제시하는 기본 규범이며, 조직 구성원들이 공유하는 신념이다. 사회적 자본은 대인 간의 관계뿐만 아니라 그 관계 속에 자리매김(embedded)된 자원으로 정의될 수 있다(McFadyen & Cannela, 2004).

사회적 자본은 공동체 구성원들 간 네트워크에 의해 형성되고 그 효과를 발휘한다는 측면에서 복합적 관계의 자본이다. 이러한 점에서 경제적 자본이나 문화적 자본과는 구별된다. 요컨대, 사회적 자본은 가족, 학교, 지역 등 다양한 집단 내에서 발생하며, 구성원들 간 상호작용을 필수적인 구성 요소로 가진다.

인적 자본이 인간의 개별적인 질을 의미한다면 사회적 자본은 집단 구성원들 간의 관계의 질을 의미한다. 다시 말해 사회적 자본이란 행위자 간의 관계 속에 존재하는 협동, 존중, 배려 등과 같은 것으로, 공동체의 목적을 위해 함께 일할 수 있는 공동체의 능력이다.

2004년 영국 내각(Cabinet Office)의 성능과 혁신 단위(Performance and Innovation Unit)는 사회적 자본을 구성원 간의 유대(bonding)를 증진시키는 자본과 연계(bridging)를 확대하는 자본으로 구분하였다. 유대를 증진시키는 사회적 자본은 친밀감, 협력, 신뢰, 공동체 의식, 가치 공유 등과 같이 공동체 구성원들의 결속력을 나타내는 것이고, 연계를 확대하는 자본은 사람들과의 교류하는 영역, 사회적 관계의 폭을 설명하는 것이다. 연계를 확대하는 자본에는 개인적 연계, 정치적 연계, 타 공동체와의 연계 등이 포함된다(정원식 · 윤성준, 2017).

사회적 자본은 사회적 관계 속에서 개인이 이용 가능한 자원이자 공동체 유지에 매우 유용한 공공재이다. 따라서 사회적 자본은 사유재와 공공재의 특성을 모두 가지고 있고, 개인과 공동체의 이익에 모두 도움이 되는 자본이다.

공동체 공유가치는 구성원 간의 유대를 증진시키는 사회적 자본이자 연계를 확대하는 자본의 성격을 모두 가지고 있다. 구성원들의 긍정적이고 미래지향적인 가치 공유는 구성원 간 신뢰와 협력을 가능하게 하고, 유대를 증진시키는 데 기여한다. 즉, 사회적 자본을 많이 소유한 구성원일수록 타인과 공동체에 대한 신뢰가 높아 긍정적 가치창출 행동을 할 가능성이 높다. 이처럼 공동체 공유가치는 구성원들 간 교류와 관계 확장에 기여하므로 매우 중요한 사회적 자본이다.

학자들이 사회적 자본의 구성요소로 가장 많이 언급하고 있는 것은 신뢰, 네트워크, 규범이다(민기, 2006). 신뢰는 구성원들 간 신뢰와 정부(공동체)에 대한 신뢰가 포함되며, 네트워크는 기부, 자원봉사, 사회참여 등의 형태로 나타날 수 있다. 규범에는 법, 질서, 공동체 의식이 포함된다. 이와 같이 공동체 의식은 사회적 자본의 중요한 요소이다.

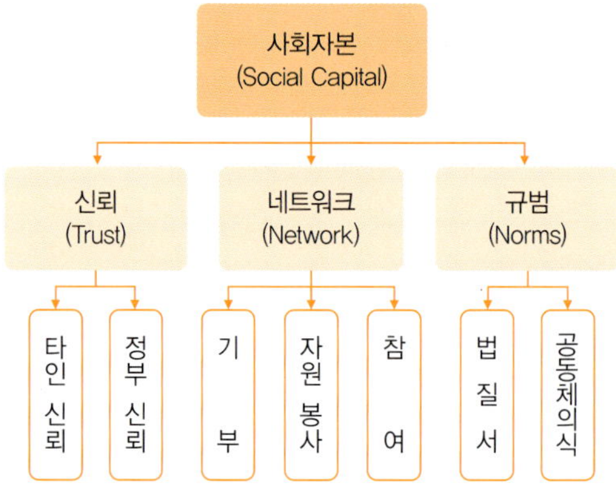

그림 2-1 사회자본 구성요소

출처: 김교성·강정한(2015), 이혜인·배영(2011) 참고

아들러와 권(Adler & Kwon, 2002)은 사회적 자본의 특징을 다음과 같이 설명하였다. 첫째, 미래의 이익을 기대할 수 있는 장기간 지속되는 자본이다. 둘째, 한 가지 목적뿐 아니라 여러 목적에 전용(appropriable)이나 전환(convertible)이 가능하다. 즉, 사회적 자본은 경제적 자원과 같은 다른 이익으로 전환될 수 있다. 예를 들어, 우정이라는 사회적 자본을 통해 정보 수집, 조언 등을 얻을 수 있다. 셋째, 다른 자본으로 대체, 보완이 가능하다. 대체로서는 행위자가 때때로 우월한 '연결(connection)'에 의해 인적 자본과 재무적 자본의 부족을 보완한다. 넷째, 사회적 자본은 물리적 자본과 인적 자본처럼 유지를 필요로 한다. 지속적인 점검과 회복을 위한 노력이 뒷받침되어야 사회적 자본이 유지될 수 있다. 다섯째, 사회적 자본은 공공재(collective goods)의 성격을 가지고 있다. 다른 사람의 사회적 자본을 감소시키지 않으면서도 사용 가능하기 때문에 공동체 구성원들이 무경쟁적으로 사용할 수 있다. 여섯째, 사회

적 자본은 행위자에게 단독으로 존재하는 것이 아닌 다른 행위자와의 관계에 존재한다. 일곱째, 사회적 자본을 개발하는 데 드는 투자와 사회적 자본을 사용할 수 있는 가치는 수치로 계량하여 측정하기가 어렵다. 다시 말해 사회적 자본의 가치는 우리가 인지적으로 환산할 수 있는 그 이상의 것이라 할 수 있다.

한편, 사회적 자본이 공동체 구성원에게 미치는 영향력은 여러 측면에서 나타난다. 퍼트넘(Putnam, 1993)은 주관적 웰빙과 같은 건강한 삶의 질, 사회적 활력 등을 사회적 자본이 주는 혜택으로 들었다. 그는 상대적으로 다양한 네트워크를 가진 사람들이 그렇지 않은 사람들보다 더 많은 사회적 자본을 갖고 긍정적인 삶을 살아간다고 하였다. 또한 이들은 다른 구성원들과의 네트워크에 긍정적인 사고나 기대를 갖기 때문에 사회적 네트워크에 더 많은 투자를 하고 다양한 사회활동에 적극적으로 참여한다고 보았다. 즉, 사회적 자본은 구성원들의 공동체에 대한 애착을 형성하게 하고, 공동체 가치창출에 적극적으로 협력하게 만든다. 결국 사회적 자본으로 인한 긍정적 가치 창출은 구성원들의 높은 주관적 웰빙에 기여하고, 이는 곧 공동체에 대한 호혜성과 규범성으로 이어지게 된다.

사회적 자본은 공동체의 결속감(solidarity)에도 영향을 미친다. 공동체의 결속감은 구성원들간 신뢰와 몰입이 기반이 될 때 존재하는데, 구성원들이 어떤 특별한 이익이 있을 때에만 협력하는 것이 아닌 단지 사회적 관계 그 자체로, 다른 구성원들을 돕고자 하는 일반화된 상호호혜성으로 표현된다. 신뢰를 기반으로 하는 사회적 네트워크는 구성원들이 사회적 규범과 규칙, 관습에 순응할 수 있도록 돕고 공식적인 통제의 필요를 감소시킨다. 높은 신뢰를 가지고 네트워크를 형성한 경우는 그렇지 않은 경우보다 훨씬 더 민감하고 풍부한 정보를 교환하게 되는데, 그 이유는 바로 결속감 때문이다. 따라서 구성원들의 사회적 자본 소유는 구성원들의 결속을 강화하여 공동체 가치 창출에 적극적으로 협력하게 만든다.

표 2-1 사회적 자본의 개념

개념	학자
상호간의 네트워크를 기반으로 특정 집단의 일원이 된 후에 얻을 수 있는 자원의 총합	Bourdieu(1986)
사회 구성원으로서 사용 가능한 특정 자원	Coleman(1988)
사회적 참여에 의해 형성되는 자본	Putnam(1993)

출처: 정은진·이재덕(2018)

4. 공동체 의식과 교육

우리 사회에서 나타나고 있는 많은 갈등과 문제에 대한 원인으로 공동체 의식 상실에 주목하는 시각들이 많다. 이에 공동체 의식 함양을 위한 교육의 필요성에 공감하면서도 교육의 방법과 효과 측면에서는 아직도 많은 논란이 있다. 가치관이나 의식은 하루 아침에 만들어지는 것이 아니므로 공동체 의식 함양 교육에는 많은 노력과 시간이 필요한 것이 사실이다. 또한 의식이나 가치관이 교육으로 쉽게 변하지 않는다는 점도 공동체 의식 교육을 부정적인 시각과 소극적인 태도로 대하게 하는 원인이다. 그러나 공동체 의식 교육에는 어려움이 따른다는 사실과 교육의 결과가 확연히 드러나지 않음을 인정하더라도 공동체 의식 교육의 효과는 분명히 있다는 것을 알아야만 한다.

마자르와 어미어, 아릴리(Mazar, Amir, & Ariely, 2008)는 두 집단에게 매트릭스 과제를 주는 실험을 하였다. A집단에게는 십계명을 떠올려 보게 한 후 매트릭스 과제를 주고 부정행위를 유도하였고, B집단에게는 고등학교 때 읽은 책 10권을 떠올려 보게 한 후 매트릭스 과제를 주고 부정행위를 유도하였다. 그 결과 십계명을 떠올리도록 한 A집단에서는 부정행위가 나타나지 않았다. 주목할 만한 것은 A집단에 속한 사람들 중 십계명을 정확하게 외우는 사람이 전혀 없었는데도 부정행위가 나타나지 않왔다는 점이다.

특정 종교를 가지고 있지 않은 집단, 다시 말해 스스로를 무신론자라고 주장하는 집단을 대상으로 실험을 진행했을 때에도 같은 결과가 나타났다. 이것을 '점화 효과(priming effect)'라 한다. 이는 도덕적인 계율을 떠올리게 하는 것만으로도 인간의 태도와 행동을 바람직한 쪽으로 바꿀 수 있다는 가능성을 보여주는 매우 희망적인 실험 결과라 할 수 있다(강은숙·김종석, 2019). 단지 도덕적인 계율을 떠올리는 단순한 행위가 도덕적 행동에 영향을 미치는 것처럼 공유가치 교육의 성과도 분명히 나타날 것이다. 따라서 공동체 공유가치 함양 교육은 반드시 필요하다.

점화 효과

1. 뉴욕 대학 재학생 대상 단어 조합으로 문장 구성하는 실험
   - '근심하는, 늙은, 회색의, 감상적인, 현명한, 은퇴한, 주름진, 빙고 게임' 등 노인을 묘사한 단어 묶음을 받은 집단의 학생들은 실험 후 이동 시간이 느려짐

2. 특정 사람에 대한 평가를 하는 실험
   - 실험자들을 한 명씩 데리고 가면서 커피를 잠시만 들어달라고 부탁
   - 아이스 커피를 들었던 집단보다 따뜻한 커피를 들어 줬던 집단에서 설문지 속의 인물을 훨씬 더 호의적으로 평가함

출처: Bargh, Chen, & Burrows(1996)

공동체 공유가치 함양 교육은 도덕성 교육과도 맥을 같이하므로 도덕성 각성과 관련한 실험을 통해 그 필요성을 살펴볼 수 있다. 미국 MIT와 예일 대학교, 프린스턴 대학교에서 과제나 시험의 부정행위를 방지하기 위해 스스로 양심에 따르겠다는 약속, 즉 '아너코드(honor code)'에 서명을 하게 하는 실험을 하였다. 학생들에게 과제를 부여하고 아너코드 서약서 서명 여부에 따라 부정행위가 일어나는지 살펴보는 실험이었다. 그 결과 아너코드 서명 없이 과제를 수행 후 부정행위를 유도한 경우에는 부정행위가 나타났고, 아너코드에 서명하고 과제를 수행한 후 부정행위를 유도한 경우

에는 단 한 건의 부정행위도 나타나지 않았다. 부정행위에 대한 불이익의 수준이 큰 경우나 불이익이 없는 경우 모두 아너코드에 서명하는 것은 효과가 있었다. 이러한 실험 역시 인간에게 공동체 교육과 같은 도덕성 각성 장치의 필요성을 증명하고 있다.

아너코드

아너코드는 윌리엄 앤 메리 대학(William & Mary College)의 조지 터커(Henry St. George Tucker) 교수가 처음 실시한 것으로 알려져 있다. 그 교수의 시험지에는 "나, A는 여기에 서명함으로써 내 명예를 지키고, 시험 기간 중 어떠한 자료도 참고하지 않았음을 서약합니다."라는 문구가 쓰여 있었고, 이것이 학교 아너코드의 시초이다.

출처: 강은숙·김종석(2019)

인간은 단지 도덕적인 규범을 상기하는 것만으로도 좀 더 정직한 행동을 할 수 있는 도덕적 존재라는 희망적인 메시지로 해석할 수 있다. 인간에게는 도덕적으로 선하고, 더 나은 존재가 되고자 하는 욕구가 있다. 신체에 상처가 생겼을 경우, 스스로 상처를 치유하고 더 나은 상태로 돌아가려 하는 것처럼, 우리의 정신도 그러하다. 인간은 도덕적으로 더 나은 인간으로 살고자 하는 욕구를 가졌기에 공동체 의식 교육의 효과 역시 기대해 볼 수 있다.

플라톤은 그의 저서 『향연』에서 인간의 영혼은 아름답고 훌륭한 것에 대한 갈망을 가지고 있다고 하였다. 그는 이 갈망을 에로스라고 표현했는데, 생물학적 에로스는 성적인 행위로 나타날 수 있고, 도덕적 에로스는 더 나은 영혼이 되고자 하는 갈망으로 나타날 수 있다고 하였다. 도덕적 에로스는 한 개인의 삶을 새롭게 태어나게 한다(Platon, 2018). 따라서 다소 강제적이더라도 정의롭고 바른 것을 생각하게 하고 도덕적으로 행동하도록 만드는 교육과 장치가 필요하다. 공동체 의식 교육도 그 일환이다.

5. 기업의 사회적 책임(CSR)과 공유가치 창출(CSV)

1) 기업의 사회적 책임(CSR: Corporate Social Responsibility)

일반적으로 기업의 사회적 책임은 수익의 일정 부분을 사회에 환원하는 방식으로 재분배하는 일련의 활동을 말한다. 기업이 가능한 한 많은 수익을 낸 후 여력이 생기면 수익의 일부를 사회공헌, 봉사활동 등에 쓰거나 사회에 환원하는 방식으로 활용하는 것을 의미한다. 이는 투자의 개념이라기보다는 기업이 분담해야 하는 사회적 비용으로 인식되어 왔다.

CSR이 사회에 미치는 긍정적 영향력이 큰 것은 사실이지만 CSR이 가지고 있는 한계점을 지적하는 시각도 있다. 그중 한 가지는 기업이 CSR을 실현하기 위해서는 가능한 한 이익을 많이 창출해야 하므로 이익 창출 과정에서의 수단, 방법 등이 크게 고려되지 않는다는 점이다. 또한 CSR은 기업의 일방적인 활동인 경우가 대부분이다 보니 실현 과정에서 고객의 니즈와 참여를 고려하지 못했다는 것도 한계점으로 지적되고 있다. 그뿐만 아니라 CSR은 기업 경영의 정치적·사회적 정당성 확보를 위해 필요한 활동임에도 불구하고 기업의 주된 목적인 재무적 성과에는 큰 영향을 미치지 못하거나 손실을 끼치는 경우도 있다는 분석들도 존재한다. 이처럼 기업의 CSR 활동이 대중들로부터 그 진정한 가치를 인정받지 못하거나 기업에도 큰 이익을 가져다주지 못하는 한계점을 보완하기 위해 공유가치 창출 개념이 등장하게 되었다.

2) 공유가치 창출(CSV: Creating Shared Value)

최근 기업의 사회적 책임의 질적인 성장 측면에서 기업과 사회의 동반성장을 위한 구체적이고 실질적인 방안들을 모색해야 한다는 화두가 제기되고 있다. 공유가치 창출은 전통적인 기업활동의 목적이었던 경제적 가치와 사회적 가치를 결부시켜 공유가치를 창출해 내는 기업의 새로운 패러다임이다. 이는 기업의 이익 중 일부를 사회와 나누는 전통적인 기업의 사회적 책임(CSR) 방식에서 더 나아간 것으로, 기업이 가진 자원과 전문성을 사회의 근본적인 문제 해결에 적극 활용하여 기업과 사회가 함께 지속가능한 발전을 추구하는 것을 의미한다.

CSV란 포터와 크레이머(2011)가 제안한 개념으로, 기업이 사회의 문제나 이슈를 해결하는 활동에 참여하여 그로 인한 경제적 가치를 추구하는 경영 전략이다. 공유가치 창출(CSV)은 기업의 사회적 책임(CSR)의 발전적인 모델로 제시된 개념으로, 단순히 기업이 창출한 이익을 재분배하여 사회와 나누자는 것이 아닌 기업과 사회의 경제적·사회적 가치의 총량을 확대하자는 것이다.

기업은 이윤의 창출과 효율성 추구를 목표로 하기 때문에 사회적 책임을 위한 비용에 대해서는 소극적일 수밖에 없다. 그러나 공유가치 창출은 사회적 책임이 아닌 지속가능한 기업의 경제적 성공을 달성할 수 있는 '공유가치'를 새로운 방식으로 추구하는 것이다.

기업은 공유가치 창출 활동을 통해 사회의 문제 해결에 동참하고 시장 규모를 확대할 수 있고, 그것이 경제적 성과에 이를 수 있다고 보는 것이다. 공유가치 창출은 기업의 수익 창출이 선행된 이후에 사회공헌 활동을 전개하는 것이 아니라, 기업 활동 자체를 통해 사회적 가치와 경제적 수익을 동시에 추구하려 한다는 점에서 CSR과 차이가 있다. 즉, 사회의 번영이 선행되어야 기업이 성장할 수 있고 이러한 선순환 구조는 기업의 지속가능한 발전을 가져온다는 개념이다. 이는 4세대 자본주의에 이르는 과정에서 인식의 전환으로 나타나게 된 것으로, 새로운 자본주의의 성장모델로 주목받게 되었다.

다국적 식품회사 네슬레의 CSV

네슬레는 자신들이 가진 새 품종과 농사짓는 기술, 가공기술 등을 아프리카 코트디부아르와 인도의 농부들에게 전수하였다. 그 결과 품질 좋은 코코아와 우유가 생산되어 네슬레는 양질의 원료를 확보하게 되었고, 현지 농부들의 수입도 늘었다. 이처럼 CSV는 사회와 기업에 모두 이익이 되는 좋은 혁신을 하자는 것을 의미한다.

출처: 전병준(2010)

공유가치 성장은 기업 경영의 이해관계자들이 함께 공유가치를 창출하여 그것을 경제적·사회적 가치로 합리적이고 균형 있게 배분하는 것이자 행복하고 발전적인 사회적 변화를 추구하는 포용적 성장(inclusive growth)이라고 할 수 있다.

공유가치 창출에 참여하는 이해관계자는 기업의 CEO와 구성원, 기업의 주주, 협력업체, 고객, 지역 공동체, 사회적 시설 등 기업의 가치사슬에 연결된 주체들이다. 가치사슬로 연결된 이해관계자들이 서로 협력하여 공유가치를 창출하고 그 결과로 기업과 사회가 동시에 성장하는 것이 공유가치 성장이다.

CSR 활동이 가능하면 많은 수익을 남겨서 그 수익의 일부를 사회에 환원하는 것이라면, CSV는 수익 창출의 방법과 과정의 문제에서부터 출발한다. CSV는 기업의 수익 창출 과정에서 사회적 역량 강화를 도모하고 사회적 가치를 창출하기 위해 노력하는 것이다.

공유가치 창출(CSV)은 기업이 혁신을 통해 사회의 문제 해결에 적극적으로 참여하고, 기업의 성공을 사회적 발전과 연계함으로써 효율성을 획득하고, 시장을 확대한다. 이로 인해 공유가치 창출(CSV)에 참여한 기업이 타 기업과 차별화되고, 새롭게 창출된 가치를 시장에 제공하는 새로운 방식의 자본주의이다.

공유가치 창출은 파이를 누가 더 많이 가지느냐의 문제라기보다는 기업과 사회가 함께 공유할 수 있는 파이의 크기를 키우자는 방법론적인 접근이며, 경제·사회적 가치의 총량을 확대하려는 노력을 의미한다. 결국 공유가치 창출은 '가치'를 바라보는 관점의 변화에서 출발하는 것으로, '가치'를 경제적인 측면에 국한하여 돈으로 보지 않고 돈의 차원을 넘어선 사회적 역량으로 본다.

과거 단순한 자선활동으로 시작한 기업의 사회적 책임은 교육, 문화, 복지 등 다양한 분야로 확장되고 있다. 이는 기업의 사회적 책임 활동이 사회변화에 관심을 갖고 적극 참여하는 공유가치 창출 활동으로 변화하고 있음을 의미한다. 공유가치 창출 활동을 통해 기업은 경쟁력을 강화하고 사회적 여건을 개선함으로써 기업과 사회가 함께 성장하는 경영 전략을 실천한다. 최근 기업들은 공유가치 창출의 가치와 성과에 공감하며 소외 계층 돌봄, 사회적 약자의 사회참여 지원, 빈부격차 해소와 경제발전을 위한 노력, 관련 업체와 이해관계자들과의 상생 등 다양한 분야에서 공유가치 창출 활동을 대폭 강화하고 있다.

표 2-2 공유가치 창출(CSV)

1	새로운 사업을 통한 수익 창출과 함께 사회가 당면한 여러 문제를 해결할 수 있는 CSR의 진화 개념이다.
2	CSR은 기업 성과를 공유하지만, CSV는 가치 창출 과정을 공유함으로써 지역사회와 상생하는 새로운 방안이다.
3	자선적 활동인 CSR는 기업 비용이지만, CSV는 기업의 지속가능한 성장을 위한 투자이다.
4	CSV를 추구하는 데 필요한 기업의 전략, 구조, 프로세스 혁신은 사회적 가치 창출을 확대할 수 있는 기회가 된다.

출처: 주간동아(2014. 10. 20.)

Activity 1

자신이 소유한 사회적 자본의 수준이 어떠한지 체크해 보세요.

다음의 문항을 읽고 자신의 생각과 가장 가까운 곳에 체크한 후 문항별 점수를 합산해 보세요. 점수가 높을수록 사회적 자본을 많이 지니고 있음을 의미합니다.

번호	문항	매우 그렇지 않다	그렇지 않다	보통이다	그렇다	매우 그렇다
1	각종 다양한 인간관계의 모임에 자주 참여하고 있다.	①	②	③	④	⑤
2	거주하고 있는 지역사회에서의 활동에 대한 관심이 있다. * 지역사회 활동범주: 각종 문화행사(지역사회 축제, 음악회, 전시회 등), 각종 구호활동, 자문위원, 선도위원을 의미	①	②	③	④	⑤
3	우리 지역의 연고 모임이나 지역행사에 자주 참석한다.	①	②	③	④	⑤
4	관심 있는 분야의 인터넷 사이트에 자주 접속한다.	①	②	③	④	⑤
5	가정규범을 준수하고 가족과 친지들에게 예의를 갖춘다.	①	②	③	④	⑤
6	지방자치단체에서 정한 조례를 지킨다.	①	②	③	④	⑤
7	우리 지역에서 발생하는 범법행위에 대해 신고한다.	①	②	③	④	⑤
8	지역에서의 갈등상황 해결을 위해 주도적으로 활동한다.	①	②	③	④	⑤
9	우리 지역의 취약계층(저소득층, 한부모가정, 다문화가정, 장애인) 등과 같은 소외계층을 위한 지원 정책에 찬성한다.	①	②	③	④	⑤
10	다문화가정에 대한 제도적 장치가 필요하다고 생각한다.	①	②	③	④	⑤
11	자원봉사활동을 경험해 본 적이 있다.	①	②	③	④	⑤
12	타인으로부터 도움을 받은 경험이 있다.	①	②	③	④	⑤
13	이웃과 친밀한 관계를 유지하고 있다.	①	②	③	④	⑤
14	우리 지역의 이웃을 믿고 신뢰한다.	①	②	③	④	⑤
15	중앙정부의 공공정책 결정과 그 과정에 대해 신뢰한다.	①	②	③	④	⑤
16	우리 지역의 지방자치단체장, 공무원 및 관련기관의 지역정책결정과 그 과정에 대해 신뢰한다.	①	②	③	④	⑤
17	내가 거주하고 있는 우리 지역은 위험(범죄, 사고)으로부터 안전하다고 생각한다.	①	②	③	④	⑤

출처: 정지윤(2020)의 연구를 참고함

Activity 2

연구에 의하면 사회적 자본은 개인의 행복과 관련이 깊습니다. 사회적 자본을 축적하기 위해 자신이 노력해야 할 부분에 대해 적어 보세요.

	사회적 자본	부족하다고 느끼는 점	사회적 자본 축적을 위해 노력해야 할 점
1	가족, 친구 관계		
2	종교, 취미, 정당, 환경, 자선단체 모임 참여 및 신뢰		

Activity 3

최근 기업에서는 CSV 활동의 주요 목표로 UN의 지표들을 활용하고 있습니다. 그 예로 삼성전자가 지속가능경영의 비즈니스를 UN의 지속가능발전목표와 연결하여 추진하는 것을 들 수 있습니다. 특히, 삼성전자는 이 중 13개의 목표에 접근하고 있으며, '양질의 교육', '성 평등', '양질의 일자리와 경제 성장', '책임 있는 소비와 생산', '기후행동', '평화', '정의 제도 구축'과 같은 이슈에 상당히 부합하는 자사 활동을 하고 있습니다(삼성전자, 2017).

삼성전자의 사례와 같이 CSV를 실천하는 기업들이 지속가능발전목표와 관련하여 다루고 있는 사회적 이슈는 주로 무엇이며, 어떠한 방법으로 활동하고 있는지 조사해 봅시다.

기업명	UN 지속가능발전목표	CSV 수행 내용

UN 지속가능발전목표(Sustainable Development Goals) 17가지 의제

지속가능발전목표	주요 내용
1. 빈곤의 해소(No poverty)	모든 형태의 빈곤을 모든 지역에서 종식시킨다.
2. 기아의 종식(Zero hunger)	기아를 종식하고 식량안보 및 영양개선과 지속가능한 농업 발전을 증진한다.
3. 건강과 복지(Good health and well-being)	건강한 삶을 보장하고 모든 세대의 복지를 증진한다.
4. 양질의 교육(Quality education)	모두를 위한 포용적이고 공평한 양질의 교육보장 및 평생학습 기회를 증진한다.
5. 양성 평등(Gender equality)	양성 평등을 달성하고 모든 여성과 여아의 역량을 강화한다.
6. 깨끗한 물과 위생 (Clean water and sanitation)	모두를 위한 식수 및 위생시설의 접근성을 확보하고 지속가능한 관리를 한다.
7. 지속가능한 에너지 (Affordable and clean energy)	모두를 위한 적정 가격의 신뢰성 있고 지속가능한 에너지의 접근을 보장한다.
8. 양질의 일자리와 경제 성장 (Decent work and economic growth)	지속적·포괄적 지속가능한 경제성장과 완전하고 생산적인 고용 및 모두를 위한 양질의 일자리를 증진한다.
9. 혁신과 인프라 구축 (Industry, innovation, infrastructure)	복원력 높은 사회기반시설을 구축하고 포용적, 지속가능한 산업화를 증진, 혁신을 장려한다.
10. 불평등 완화(Reduced inequalities)	국가 내, 국가 간 불평등을 완화한다.
11. 지속가능한 도시 및 거주지 조성 (Sustainable cities and communities)	포용적이고 안전하고 복원력이 있으며 지속가능한 도시와 인간 거주지를 조성한다.
12. 책임 있는 소비와 생산 (Responsible consumption, production)	지속가능한 소비 및 생산 문화를 구축한다.
13. 기후행동(Climate action)	기후변화와 그 영향에 대처하는 긴급조치를 시행한다.
14. 해양 생태계 보존(Life below water)	지속가능발전을 위해 대양, 바다, 해양 자원을 보호하고 지속가능한 사용을 한다.
15. 육상 생태계 보존(Life on land)	육상 생태계를 보호, 산림을 지속가능하게 관리하며, 사막화와 토지 황폐화를 방지·복원하고, 생물 다양성을 보존한다.
16. 평화, 정의 및 제도 구축 (Peace, justice and strong institutions)	평화롭고 포용적인 사회를 촉진하고, 모두를 위한 사법 접근성을 확보하며, 모든 차원에서 효과적이고 신뢰할 수 있는 제도를 구축한다.
17. 목표 달성을 위한 파트너십 (Partnerships for the goals)	이행 목표 강화 및 지속가능발전을 위한 글로벌 파트너십을 확대한다.

출처: 유선욱(2020) 연구에서 참고함

Activity 4

삶 속에서 실천할 수 있는 공유가치 창출(CSV)에는 어떤 것이 있을지 생각해 보세요. 가족, 친구, 이웃 등 가까운 사람과 함께할 수 있는 공유가치 창출(CSV) 아이디어를 내어 함께 실천해 보세요.

공유가치 창출(CSV)을 함께할 대상	예) 가족
공유가치 창출(CSV) 주제	예) 쓰레기 줄이기 및 분리수거
공유가치 창출(CSV) 실천계획 * 육하원칙에 의거하여 구체적으로 적어 보세요.	예) when: 매일 where: 집 who: 가족 구성원 모두 what: 일회용품 사용 자제 및 쓰레기 분리수거에 동참하기 how: 1. 일회용품 줄이기, 쓰레기 분리수거와 관련한 가족 회의 2. 각자의 역할 및 책임 부여 3. 1개월 실천 후 성과 체크 why: 1. 경제적 절약 2. 가사 노동 분담과 가족 간 협력을 통한 화합 3. 지구 환경보호에 동참
공유가치 창출(CSV)을 통해 얻을 수 있는 이점	예) 1. 쓰레기 봉투 절약 및 배달음식 자제로 경제적 비용 절감 2. 가족 건강 및 화합 3. 분리수거에 참여하는 이해관계자(예, 경비원)의 부담 경감 4. 지구 환경 보호에 이바지
공유가치 창출(CSV) 결과 및 느낀 점 * 주제에 따라 실천 기간이 다르므로 계획한 공유가치 창출을 모두 마무리한 후 적으면 됩니다.	예) 1. 실천 전과 비교하여 쓰레기봉투 구입비, 음식 배달비 등 ○원이 절감되었음 2. 분리수거는 ○○의 담당이었으나 가족이 모두 참여하니 수월하였음 3. 배달 음식보다 함께 음식을 해 먹는 경우가 많아 가정 분위기가 좋아짐 4. 경제적 비용 절감한 것으로 가족이 함께 읽을 수 있는 책을 구입함

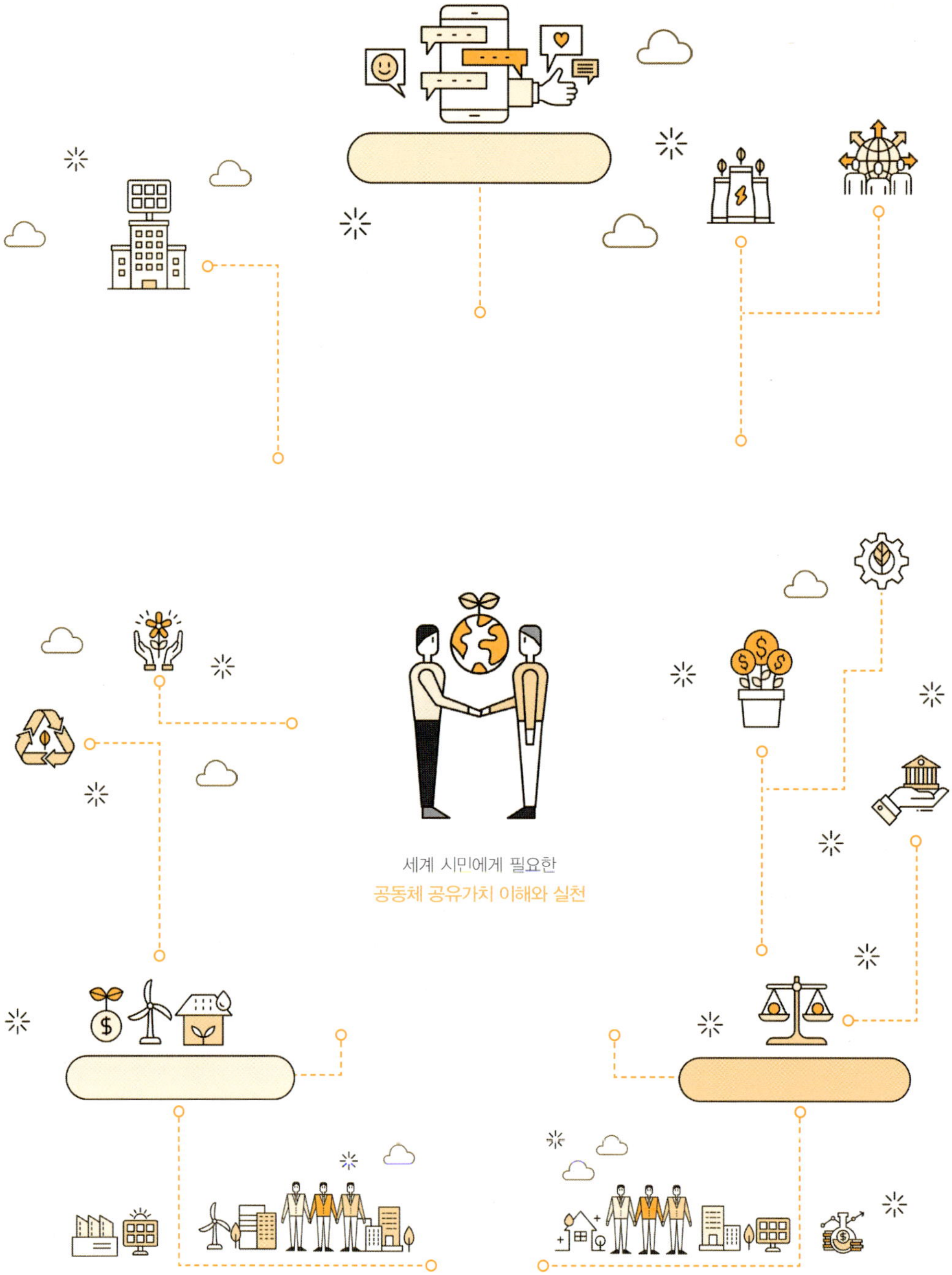
세계 시민에게 필요한
공동체 공유가치 이해와 실천

PART 02

세계 시민에게 필요한 공유가치

CHAPTER

03

존중

존중의 한자어는 '높을 존(尊)'과 '중요할 중(重)'이다. '높을 존(尊)'은 '높이다, 공경하다, 우러러보다', '중요할 중(重)'은 '중요하다, 귀중하다' 등의 의미를 가진다. 한자가 가지고 있는 뜻을 토대로 존중의 의미를 살펴본다면 상대를 높이고 우러러보며 중요하고 소중하게 여기는 것을 말한다. 최근 존중은 타인에 대한 존중뿐 아니라 자기 자신에 대한 존중, 생명체에 대한 존중 등으로 그 대상을 폭넓게 보고 있다.

헤르만 슈미츠(Hermann Schmitz)는 정직한 행동, 정의의 실현 등과 같은 도덕적 행동은 사람에 대한 존중이 바탕이 되었을 때 제대로 실현될 수 있는 것이므로, 존중은 인간으로 하여금 도덕적 행위를 할 수 있도록 만드는 근본 가치라고 주장하였다. 따라서 그는 존중을 법과 도덕의 핵심 감정인 분노와 부끄러움보다 더 이전의 감정이라고 하였다(박해용, 2013).

존중은 정서적 측면과 이성적 측면의 양변성을 가지고 있다. 정서적 존중은 감정에서 자연스럽게 우러나는 것으로, 상대의 도덕성, 인격, 능력, 업적 등에 대한 인정을 말한다. 또한 자연과 생명체의 아름다움과 경이로움으로 생겨나는 자연스러운 감정 역시 정서적 존중의 일부이다.

한편, 이성적 존중은 의도적인 판단과 노력으로 나타난다. 인간의 권리를 이해하고 인격체로서 존중받을 만한 가치가 있음을 인정하는 것이다. 이성적 존중은 타인의 가치관이나 행동 양식이 자신과 다르더라도 수용하는 것, 생명체의 소중함과 보존 가치를 알고 중히 여기는 것 등을 의미한다. 자연의 아름다운 경치를 보고 자신도 모르게 감탄이 나오는 것과 달리, 이성적 존중은 교육을 통해 인위적으로 형성되어야 하는 측면이 강하다. 전 세계적으로 볼 때, 과거 인간의 존엄성에 대한 이해가 부족했던 시대에는 노예제도, 인종 차별, 영아 살인 등 많은 끔찍한 일들이 합리화되었었다. 우리나라의 경우에도 노비는 인간으로서의 권리가 없는 양반의 소유물로 여겨졌고, 종교적 이유로 살인이 합리화되기도 하였고, 여성 차별 등이 당연시되었었던 시기가 있었다. 그러나 인간의 권리, 존엄성, 평등의 중요성과 가치 교육 이후 불합리한 제도와 행동들이 개선되거나 없어지는 결과가 나타났다. 이처럼 이성적 존중은 가치관 형성이 우선되어야 하기에 교육을 통한 사회문화적 합의가 있어야 온전히 실현될 수 있다.

요컨대, 존중은 인간이 도덕적 행동을 할 수 있도록 만드는 근본 가치이자, 교육을 통해 온전히 실현될 수 있는 특성을 가진다.

> 존중은 인간으로 하여금
> 도덕적 행위를 할 수 있도록 만드는
> 근본 가치이다.
>
> – 헤르만 슈미츠(Hermann Schmitz)

1. 자신에 대한 존중

존중의 가치를 실현하기 위해서는 자신에 대한 존중이 선행되어야 한다. 자기 스스로를 존중하지 못하는 사람이 타인이나 다른 대상을 존중하기 어렵기 때문이다. 자신에 대한 존중은 자아존중감(self-esteem)이라는 용어로 설명할 수 있는데, 자아존중감은 '자기 존중'과 '자기 효력'의 의미를 가지고 있다. '자기 존중'이란 스스로 자신의 존재 가치를 높게 평가하고 소중히 여기는 것이고, '자기 효력'이란 자신이 무엇인가를 해낼 수 있는 사람임을 믿는 자신감이다. 즉, 자기 자신을 사랑하고 귀하게 여기며, 스스로 목표를 이루고 성취할 수 있다고 믿는 믿음이다. 자신이 사랑받을 만한 가치가 있는 소중한 존재라는 것을 스스로 인정하고, 어떤 성과를 이루어 낼 수 있다는 자신감을 갖는 적극적이고 긍정적인 자아개념이라고 할 수 있다.

자아존중감은 자신에 대한 객관적인 평가나 판단 없이 무작정 자신을 높게 평가하는 것을 의미하지는 않는다. 그렇기에 자아존중감은 주관적 감정뿐 아니라 객관적 평가를 긍정적으로 수용하는 것을 포함한다. 자아존중감은 자기애와는 차이가 있다. 공주병, 왕자병, 도끼병과 같은 신조어는 나르시시즘, 즉 자기애적 성격과 관련이 있다(서경현, 양승혜, 2010).

일반적으로 자기애를 설명하는 특성으로 거대한 자기 표상, 칭찬과 인정에 대한 끊임없는 욕구, 자기중심성, 오만한 태도, 타인의 평가에 대한 지나친 과민성 등을 말하는데, 이는 자기애적 성격장애를 진단하는 기준(권석만, 2014)이 된다. 이처럼 자아존중감이라는 것은 자신을 객관적으로 판단하고 수용할 줄 모르는 지나친 관심이나 포장과는 다르다. 자신의 역량, 강점, 혹은 부족한 부분이나 단점까지도 객관적으로 바라보고 긍정적으로 수용할 줄 아는 능력이 자아존중감이다.

윤홍균(2016)은 인간이 건강하려면 체력을 길러야 하듯, 삶을 행복하게 살기 위해서는 자아존중감을 길러야 한다고 했다. 그가 말하는 자아존중감 구성의 요소는 '자기 효능감', '자기 조절감', '자기 안전감'이다. 즉, 자신을 가치 있는 사람, 이 사회에 꼭 필요한 사람이라고 여기는 '자기 효능감', 인생을 내 마음대로 선택할 수 있고 핸들링 할 수 있다고 여기는 '자기 조절감', 나의 삶이 안전한 바탕 위에서 굴러가고 있다고 여기는 '자기 안전감'이 있어야 자아존중감이 제대로 형성될 수 있다고 주장하였다. 그는 이 세상에 영원한 것은 없듯이 자아존중감 역시 지키기 위해 노력해야 하고 관리해야 할 대상이라고 하였다. 바쁘고 치열하고 살아야 하는 현대인들에게 자아존중감을 지키며 살아가기란 결코 쉬운 일은 아니다. 그러나 행복한 삶을 위해서라면 자아존중감을 회복하고 유지하기 위한 노력을 해야만 한다. 무작정 앞만 보고 달릴 것이 아니라 자신을 돌아보고 생각할 여유를 가져야 한다.

자아 존중감의 구성 요소

- 자기 효능감: 자신이 가치 있고 사회의 중요한 일원이자 필요한 사람이라고 여기는 것
- 자기 조절감: 인생을 자기 마음대로 선택할 수 있고 핸들링(조정)할 수 있다고 생각하는 것
- 자기 안전감: 모든 것이 안전한 상황과 안정된 상태에서 유지되고 있다고 느끼는 것

1) 자아존중의 영향력

자아존중감은 자신이 꾸준히 추진하는 일에 만족감을 느끼고 자신의 행동 결과로 성취감을 경험하거나 주위 사람들로부터 인정 또는 칭찬을 받음으로써 형성된다. 이렇게 형성된 자아존중감은 개인의 행동, 감정, 동기, 성취 및 인간관계에 이르기까지 여러 분야에 폭넓게 영향을 준다. 따라서 개인의 정신적 건강과 자아실현, 건전한 대인관계와 사회생활 수행에 있어 필수적으로 요청되는 요소이다. 자아존중감은 다음과 같은 영향력을 가진다.

(1) 인간 발달에 영향

자아존중감은 매슬로우가 인간의 욕구 중 하나로 주장했을 만큼 인간이 살아가는 데 있어 반드시 충족되어야 하는 매우 중요한 요소이다. 자아존중감의 욕구가 충

족되어야 인간의 성격발달이 원만하게 형성되고, 발달단계별 과업 성취도 효과적으로 해낼 수 있다. 또한, 자아존중감이 높은 사람들은 적극적으로 환경을 탐색하고 용기 있게 도전하려 하므로 자신이 원하는 것을 이룰 확률 역시 높다.

> 인생은 자신을 발견하는 작업이 아니라,
> 자신을 창조하는 작업이다.
>
> – 조지 버나드 쇼(George Bernard Shaw)[1]

(2) 삶의 만족도에 영향

타인의 시선을 의식하기보다 개인의 취향을 있는 그대로 표현하는 것을 긍정적으로 바라보는 시대가 되었다. 이른바 '취향 존중의 시대'가 된 것이다. 2030세대를 중심으로, 타인과 비교하기보다 자신만의 행복을 추구하고 사회적 관념에 맞추기보다 자기 스스로 행복을 정의하는 것이 중요하게 여겨지고 있다. 이러한 가치관은 점차 사회 전반으로 확산되고 있는 추세이다. 행복이 사람들마다 다르게 정의될 수 있고, 각자 원하는 삶의 방식대로 살 때 느낄 수 있는 것이라고 본다면, 자아존중감 없이 행복을 추구한다는 것은 거의 불가능하다. 자아존중감이 높은 사람들이 자신이 진정으로 원하는 것이 무엇인지 알 수 있고, 타인의 시선보다는 자신의 방식대로 살 수 있기 때문이다.

또한, 자아존중감은 자기 스스로에게 정서적 안녕감을 주어 정신건강에 긍정적 영향을 미친다. 자아존중감은 자신에 대해 수용적인지 거부적인지에 대한 태도의 표현이므로 정신건강의 기초가 될 뿐 아니라 행복한 삶을 살아가는 원동력이 된다.

사티어(V. Satir)는 인간의 내면에는 자아존중에 대한 원초적 욕구가 있다고 하였

1 아일랜드 극작가

다. 사티어가 주장하는 자아존중감의 3대 요소는 자기, 타인, 상황이다. 자아존중감은 자기 스스로에 대한 긍정적 사고이자 자신감이라고 할 수 있으므로 '자기'는 자아존중감에 있어 가장 필수적이고 기본적인 요소이다. 그뿐만 아니라 사람은 타인과의 관계, 상호작용을 통해 타인과의 동질성, 이질성을 알게 되고 자신을 객관적이고 명확하게 바라보는 시각이 생기게 되므로 '타인' 역시 자아존중감 형성에 있어 중요한 요소이다. 또한 '상황'은 개인에게 주어진 여건과 맥락을 의미하는데, 부모, 친구, 주변 관계자들과의 맥락과 환경적 요소를 말한다. 뛰어난 실력을 가지고 있고 사회적으로 많은 성과를 내는 사람이라 할지라도 가족들로부터 인정을 받지 못하는 사람들도 있고, 사회적 역량은 부족할지라도 가족이나 친구들로부터 크게 인정을 받는 사람들도 있다. 두 경우, 자아존중감은 당연히 다르게 형성될 수밖에 없다. 이렇듯 개인이 속한 주변 상황 역시 자아존중감 형성에 영향을 미친다.

사티어는 '자기', '타인', '상황'의 자아존중 3요소 중 어떤 것이라도 온전하지 않으면 자아존중감이 형성되기 어렵고, 사회적 상황에서도 역기능적 행동을 하게 된다고 하였다. 따라서 자아존중감의 3요소를 순기능적으로 작동하게 하여 자아존중감을 높이는 것이 삶 속에서 마주하게 되는 다양한 문제와 갈등을 이겨내는 적절한 대처법이자 건강한 삶을 위한 처방이라고 하였다. 이처럼 자아존중감은 인간의 정신적 건강을 유지하는 데 기초가 되므로 삶의 만족도에 영향을 미친다.

(3) 긍정적 인간관계에 영향

자아존중감이 높은 사람들은 타인을 바라보는 시각이 긍정적일 뿐 아니라 일상에서 마주하게 되는 다양한 상황을 긍정적으로 해석한다. 그러나 자아존중감이 낮은 사람들은 작고 사소한 갈등을 확대 해석하거나 왜곡하여 바라보는 경향이 크다. 누군가와의 만남 상황에서 상대가 도로 사정으로 약속 시간에 늦는 일이 발생했다 치자. 이때 자아존중감이 낮은 사람들은 상대가 자신을 무시해서 늦었다고 해석하기 쉽다. 그런가 하면 상사가 자신을 신뢰하기에 많은 일을 맡긴다고 생각할 수 있는 것을 자신이 만만해서 일을 자꾸 시키는 것이라고 부정적으로 해석하기도 한다. 자아존중감이 낮은 사람들은 이렇게 일상에서 일어나는 사건들을 부정적으로 해석하기 때문에 갈등이 잦고 상대를 피곤하게 한다. 또한 상대를 신뢰하지 못하기에 친밀한 관계를 형성하기도 어렵다. 따라서 낮은 자아존중감은 악영향을 미칠 수밖에 없다.

반면, 자아존중감이 높은 사람은 심리적으로 성숙하고 내면이 조화를 이룬 상태에 있다. 따라서 타인을 긍정적 시각으로 바라본다. 타인에 대한 시각이 긍정적이냐 부정적이냐는 자신의 자아존중감 정도에 따라 달라지는데, 자아존중감이 높은 사람일수록 타인에 대한 시각이 긍정적이다. 타인을 향한 긍정적 시각은 곧 상대에게 전달되므로 상대로부터 호감과 신뢰를 얻게 된다. 이는 곧 원만한 인간관계 형성에 영향을 미친다.

또한, 자아존중감이 높은 사람들은 타인과의 상호작용에서 일치적 의사소통을 하는 반면, 자아존중감이 낮은 사람들은 타인과의 관계가 깨질 것에 대한 두려움과 자신의 약점 노출에 대한 염려로 역기능적인 의사소통을 주로 한다.

자아존중감이 높은 사람들은 갈등관계에 있는 정보, 행동에 대한 개방성이 높아 타인의 의견을 수렴하는 데 유연하고, 사회적으로 첨예한 갈등을 불러일으키는 이슈를 둘러싼 논쟁에서도 개방적 태도를 가진다. 이들은 자신을 긍정적으로 인식하고 신뢰하기 때문에 자신의 사고나 믿음과 배치되는 정보라 하더라도 그 정보를 수용할 때 저항감을 덜 느끼는 경향이 있다. 자아존중감이 높은 사람들은 경험에 대해 개방적이며 자신의 선택과 행동에 자유를 부여한다. 이렇게 유연하고 개방적인 사고는 인간이 사회적 환경에 적응하고 타인과의 갈등을 해소하는 데 긍정적으로 작용한다. 따라서 자아존중감은 다양한 사람들과 원만한 인간관계를 맺고 갈등 상황을 유연하게 대처하는 데 필수적인 요소라고 할 수 있다.

2. 타인에 대한 존중

타인 존중이란 다른 사람의 개성이나 가치관, 생활방식 등을 이해하고 인정하는 것을 말한다. 즉, 인간을 수단으로 보지 않고 있는 그대로의 목적으로 보는 것이며, 하나의 인격체로 인정하는 것이다. 개인의 생각과 가치는 각자 다르기 마련이므로, 다른 사람들의 생각과 개성, 사생활, 가치를 있는 그대로 인정해 주는 것이 곧 타인 존중이다. 타인 존중은 인간 그 자체에 대한 존중이고 인간이 가지고 있는 이성적 능력에 대한 존중이므로, 인간은 누구나 그 자체로 지닌 능력과 존엄성이 있음을 인정하고, 차별없이 평등하게 대우받아야 함을 아는 것이다. 즉, 어떤 사람에게 존중의 태도를 가져야 하는 이유는 그 사람이 인간으로서 대우를 받을 만한 가치가 있기 때문이다. 타인 존중에는 세 가지의 개념이 포함되어 있다. 첫째는 인간 존재 자체를 가치 있고 소중하게 여기는 것이고, 둘째는 개개인의 삶의 방식, 문화, 감정, 취향 등을 수용하는 것이며, 셋째는 개인의 인격, 능력이나 재능 등을 인정하는 것이다.

타인에 대한 존중은 인정 존중(recognition respect)과 평가 존중(appraisal respect)으로 구분할 수 있다. 인정 존중은 인간이 가진 존엄성 그 자체를 존중하는 것으로, 그가 인간이라는 것을 인식하는 데서 오며, 인간이 합리적이고 자율적인 존재라는 전제에서 나올 수 있다. 평가 존중은 개인이 가진 탁월성과 능력에 대한 평가를 말하는 것으로, 그 사람이 취한 결과를 존중하는 것이다. 인정 존중이 누구에게나 공정하게 적용되어야 할 평등의 의미를 담고 있다면, 평가 존중은 각자의 능력과 타인과 다름의 가치를 인정하는 것이다.

타인 존중

첫째, 인간 존재를 가치 있고 소중하게 여기는 것
둘째, 개개인의 삶의 방식, 문화, 감정, 취향 등을 수용하는 것
셋째, 개인의 인격, 능력이나 재능 등을 인정하는 것

1) 타인 존중의 영향력

(1) 인간으로서의 존재 가치 확인

타인으로부터 존중받는 것은 인간의 당연한 욕구이자 권리이다. 존경받을 만한 일을 했거나 남보다 우월한 위치에 있지 않더라도 누구나 존중받기를 원하고, 인간이기에 존중받아야 함이 마땅하다.

존중받지 못한다고 느끼면 인간은 자신의 존재 가치를 상실하게 되고 자아존중감에 큰 상처를 받는다. 가족, 주변 사람들로부터 존중받지 못할 때 인간은 무기력해지고 삶의 동력을 잃어 살아갈 의미를 찾는 것은 물론 일의 성과를 내기도 어려워진다. 타인의 무시와 무관심으로 자신의 삶을 포기하거나 범죄의 나락으로 떨어지는 사람들의 사례는 타인으로부터 받는 존중이 한 개인에게 얼마나 중요한 것인지 짐작하게 한다. 즉, 누군가로부터 존중받는다는 것은 인간으로서의 존재 가치를 확인받는 것이자 삶의 이유와 목적을 발견하게 하는 것이다.

(2) 잠재력 확인

인간은 무한한 잠재력을 가진 존재이다. 자신의 잠재력을 발견하여 뛰어난 성과를 내는 사람들이 있는가 하면, 잠재력이 있는지도 모른 채 평생을 살아가는 사람도 있다.

인간의 잠재력은 자아존중감(Self-Esteem)에서 나온다. 일반적으로 자아존중감은 자신에 대한 평가이자 자신을 존중하는 정도, 가치, 생각 등을 말한다(Marsh, 1998). 인간의 자아존중감은 자신 스스로의 평가에 의해 영향을 받기도 하지만 주로 타인이 제공하는 자아 관련 정보에 의존한다. 어떤 사람이 다른 사람에게 어떻게 평가받는가는 그 사람의 가치와 자아존중감을 결정하는 중요한 원천으로 작용한다. 이렇게 형성된 자아존중감은 인간이 잠재력을 발견하여 발휘할 수 있도록 돕는다. 따라서 숨어 있는 개인의 잠재력을 확인하고 이를 발휘하기 위해서는 타인으로부터의 존중이 필수적이다.

(3) 사회적 관계 능력 향상

타인을 존중한다는 것은 곧 사회적 관계를 확장해 나가는 것을 의미한다. 자신만의 이익을 추구하고 본인에게만 집중하는 사람은 타인과의 관계를 원만하게 유지하기 어렵다. 원만하고 폭넓은 사회적 관계를 맺기 위해서는 타인을 이해하고 배려하는 존중의 가치가 우선되어야 하기 때문이다. 따라서 타인을 존중하는 사람은 그렇지 않은 사람에 비해 바람직한 인간관계를 형성할 가능성이 높다. 이처럼 타인에 대한 이해와 배려를 기본으로 하는 존중의 가치는 곧 그사람의 사회적 관계 능력이라고도 할 수 있다.

(4) 긍정적 이미지 형성

타인을 존중하는 태도나 행동은 상대방을 위한 것 같지만 자신의 이미지 형성에도 필요하다. 우리는 누군가의 태도, 행동을 기반으로 그 사람의 가치관을 짐작하게 되고, 이를 통해 결국 상대의 이미지를 좋게, 혹은 나쁘게 형성한다. 어떤 사람이 보여주는 행위에는 그 사람의 가치관이 담겨 있기 때문이다. 사람들은 타인을 대할 때의 태도, 자세, 인사하는 모습 등으로 상대에 대한 존중을 나타낸다. 그뿐만 아니라 언어의 사용, 대화 습관, 칭찬, 타인으로부터의 충고를 받아들이는 태도 등도 상대를 존중하고 있다는 표현이 된다. 이렇듯 상대에 대한 존중은 표현하는 사람의 가치관을 드러내는 것이기에 긍정적 이미지 형성에 필수적이다. 즉, 타인 존중의 태도와 행동을 표현하는 사람은 자신이 올바른 가치관을 가지고 있다는 것을 보여주는 것이므로 긍정적 이미지를 형성할 수 있다.

(5) 공동체의 단합에 영향

타인을 향한 혐오나 경멸, 무시, 비난 등은 공동체의 단합을 방해하는 원인 중 하나이다. 이러한 문제들은 타인 존중 의식의 결여로 나타나는 것으로 집단, 개인 간 대립과 갈등을 야기한다.

존중은 타인의 개성이나 가치관, 생활방식 등을 있는 그대로 인정하는 것이므로 타인의 생각과 행동방식이 자신과 다르더라도 있는 그대로 수용해야 한다. 공동체 내에는 다양한 사고와 가치관, 생활방식을 가진 구성원이 존재하기에 공동체의 단합을 위해서는 존중의 가치가 필수적으로 요구된다.

또한 존중은 타인의 어려움을 외면하지 않는 태도를 포함한다(임현수·강진령, 2019). 구성원들이 어려움을 겪고 있는 이웃에게 무관심할수록 소외 계층과 집단이 많아지고, 소외 문제가 심화되면 결국 공동체는 분열될 수밖에 없다. 따라서 어려운 이웃의 처지를 생각하고 그들을 외면하지 않는 존중의 가치는 소외 문제를 해결하고 공동체를 단합하게 하는 데 필수적이다.

SHARED VALUE 3. 생명체에 대한 존중

1) 지속가능발전의 개념

인류는 과학, 사회, 문화, 정치 등 매우 다양한 분야에서 눈부신 성장과 발달을 이루어 냈다. 이로 인해 인간의 삶은 매우 편리하고 풍요로워졌지만 지구상에 존재하는 많은 생명체가 생존의 위협을 받고 있다. 편리하게만 보이는 인간의 삶도 잠시 행복해진 것처럼 느껴질지 모르나 무분별한 자연 훼손으로 인한 피해는 지구상에 존재하는 생명체뿐 아니라 결국 인간에게까지 미치게 된다. 지금도 지구온난화를 비롯한 여러 이상 징후들이 환경오염과 자연훼손으로 인해 지구촌 곳곳에서 나타나고 있다. 이와 같은 이유로 미래에 지구를 이용할 후손들과 많은 생명체의 안전하고 행복한 삶을 고려하는 발전을 해야 한다는 자성의 목소리가 갈수록 커지고 있다.

'지속가능발전'이라는 개념은 이와 같은 맥락에서 대두되었다. 지속가능발전이란 경제성장, 환경보전, 사회개발을 모두 고려한 발전 패러다임으로 경제, 환경, 사회적 형평성을 통합적으로 고려하여 삶의 질을 향상시키기 위한 것을 말한다.

지속가능발전에 대한 세계적 관심은 지구환경문제가 국제적인 관심사로 부상한

1972년 유엔 인간환경회의에서 시작되었다. 이후 1987년 세계환경개발위원회(WCED)가 발표한 「우리 공동의 미래」라는 보고서에서 지속가능발전의 개념이 알려지게 되었고, 2005년에는 유엔(UN)에서 지속가능발전교육 10년을 위한 국가추진전략개발연구가 이루어졌다. 이 연구에서 '지속가능발전이란 생태계의 수용 능력 안에서 미래 세대가 자신들의 필요를 충족시킬 수 있는 능력을 훼손하지 않으면서 현재의 필요를 충족시키는 발전'으로 정의하였다(유네스코 한국 위원회, www.unesco.or.kr).

요컨대 지속가능발전은 사회발전, 환경보호, 인간의 기본적 욕구 충족의 세 가지 요소를 모두 달성할 수 있는 수준의 경제성장을 의미하는 것으로, 포괄적이고 미래 지향적인 인류의 발전 이념이다. 지속가능발전 개념에서 의미하는 생명체란 인간이 지배해야 할 대상이 아닌 인간과 공존하는 존재이므로, 지속가능발전을 위해서는 인간뿐 아니라 생명체 역시 지구의 주인임을 인지해야 한다.

지속가능발전을 위해서는 교육을 통한 가치관 변화가 우선되어야 하는데 가치와 판단의 변화가 선행되어야 지속가능발전을 실천하는 행동으로 이어질 수 있기 때문이다. 지속가능발전을 실천하기 위한 교육을 지속가능발전교육(ESD: Education for Sustainable Development)이라고 정의하며, 지속가능발전교육의 핵심가치는 인권에 대한 존중, 생태적 다양성에 대한 존중, 미래 세대에 관한 존중, 문화적 다양성에 대한 존중을 포함한다.

지속가능발전교육의 핵심가치

- 인권에 대한 존중
- 미래 세대에 관한 존중
- 생태적 다양성에 대한 존중
- 문화저 다양성에 대한 존중

2) 지속가능발전교육의 핵심가치

지속가능발전교육의 핵심가치에는 네 가지 요소가 있다.

(1) 인권존중

인권존중이란 다른 사람의 권리도 자신의 권리와 같이 중요하다는 것을 알고 실천하는 것이다. 인권 존중의 가치가 실현된다면 서로의 이해가 상충되는 상황에서 어느 한쪽을 부당하게 대우하거나 희생시키지 않게 되고, 일의 수행에 있어 공정성을 고려하게 된다. 즉, 사회의 차별을 없애고 정의를 실현하는 데 큰 기여를 할 수 있다. 요컨대 인권존중이란 종교, 문화, 경제적 능력, 가치관 등에 따른 차별 없이 인간이 가지고 있는 존엄성과 권리를 동등하게 인정하는 것으로, 사회·경제적 정의를 실천하는 것이다.

(2) 미래 세대 존중

미래 세대 존중이란 앞으로 지구상에 살게 될 미래 세대들이 인간으로서 누릴 권리에 대해 이해하고 그 권리에 피해가 가지 않도록 하는 현 세대의 책임 의식과 실천적 태도를 말한다. 미래 세대가 인간다운 삶을 누리며 행복하게 살기 위해서는 현 세대의 미래 세대를 존중할 줄 아는 가치관이 무엇보다 중요하다. 현 세대가 사용하고 있는 지구는 지금의 환경 그대로 미래 세대에게 전달되어 영향을 미치기 때문이다. 따라서 미래 세대의 권리도 자신의 권리와 같이 중요하다는 것을 알고 미래 세대가 누릴 행복과 존엄을 해치지 않도록 해야 한다. 결국 미래 세대에 대한 존중은 현재의 판단과 행동이 미래 세대의 삶에 미칠 영향을 인식하고 그들의 행복을 해치지 않는 삶의 태도를 갖는 책임의식이다.

(3) 생태적 다양성 존중

지구상에는 인간뿐 아니라 동식물을 비롯한 많은 생명체가 살고 있다. 인간이 속해 있는 생태계는 먹이사슬로 이루어져 특정 단계의 생물이 사라지거나 타격을 받게 되면 그 파장이 상상할 수 없을 만큼 커진다. 먹이사슬 속 한 단계의 피해로 끝나지 않고 지구상 무수히 많은 생명체들의 생존에 영향을 미치고, 나비효과로 상상할 수 없는 결과를 초래하게 된다. 이미 지구상의 많은 생명체들이 멸종 위기에 처해 있는 심각한 상황이다. 이제라도 생태계 파괴를 막기 위해 힘을 모으지 않는다면 큰 파국에 직면하게 될 것이다. 세계 50개국 과학자 145명은 2019년 5월 6일 프랑스 파리에서 열린 '유엔 생물다양성 과학기구(IPBES)' 총회에서 "인간의 끊임없는 소비가 자연계를 파괴하고 있다."며 "지구상 모든 생물종의 멸종률은 지난 1,000만 년 동안 평균 수십 배에서 수백 배 더 높아졌다."고 밝혔다.

학자들은 멸종 생물 수가 증가하는 원인으로 자원 고갈, 기후변화, 환경오염 등을 꼽았다. 인류에 의한 환경 파괴가 심각해지면서 동식물이 사라지는 속도도 빨라지고 있다는 설명이다. 이럴 경우 인류 역시 큰 피해를 볼 수 있다. 예를 들어, 곤충이 사라지면 먹이사슬 전체가 무너져 전체 생태계가 파국을 맞을 수 있다는 전망이 나온다.

생물다양성과학기구(IPBES)의 로버트 왓슨 의장은 "무분별한 난개발로 인해 지구의 자연환경은 그 어느 때보다 빠르게 악화되고 있다."며 "전 세계가 지금이라도 획기적인 공동 대응을 하지 않으면 인류 생존까지 위협받을 지경에 이를 것"이라고 말했다. 따라서 지속가능발전을 위해서는 지구상에 존재하는 다양한 생명체에 대한 존중과 배려가 반드시 필요하다. 이는 자연환경 및 동식물을 보호하고 오염된 생태계를 복원하는 첫걸음이다. 인간이 다른 생명체들보다 우위에 있다고 판단하는 것이 아니라 지구에 살고 있는 다양한 생명체와 더불어 사는 공동체적 존재임을 알고 겸손한 태도로 살아가는 것이 바로 생태적 다양성에 대한 존중을 실천하는 것이다.

(4) 문화다양성 존중

문화다양성에 대한 존중에는 관용, 비폭력, 평화의 개념이 포함되어 있다. 타 문화를 존중하기 위해서는 내가 속한 문화와 가치관, 행동 등이 다르더라도 있는 그대로 인정하고 수용할 줄 아는 관용의 태도가 무엇보다 필요하다. 이를 위해서는 교육을 통한 타 문화에 대한 이해가 우선되어야 한다. 타 문화의 가치관, 생활방식 등을 알지 못한 상태에서는 관용의 태도가 나타나기 어렵기 때문이다. 즉, 문화다양성 존중이란 실천하기 위해서는 타 문화에 대한 이해를 기반으로 하여 그들의 삶의 방식을 있는 그대로 존중하고 공감하는 관용의 태도를 말한다.

또한 문화다양성 존중에는 이문화(異文化) 간 갈등을 비폭력으로 해결하려는 자세와 평화를 실천하려는 태도도 포함된다. 폭력을 행사하는 내면에는 상대에 대한 무시, 경멸, 혐오 등의 부정적 감정이 깔려 있다. 이는 존중과는 거리가 먼 것으로, 타인보다 자신이 우월하다는 잘못된 가치관 때문에 나타나는 것이다. 따라서 존중이라는 것은 자신의 감정뿐 아니라 타인의 감정을 의식할 수 있는 '공감' 능력이자 타인의 시각으로 바라볼 수 있는 능력, 평화적 갈등 해결의 자세를 의미한다.

Activity 1

자신의 자아존중감 수준을 확인해 봅시다. 다음 문항을 읽고 자신에게 가장 가까운 항목에 표시해 주세요. 점수를 합산하여 점수가 높을수록 자아존중감이 높다고 할 수 있습니다.

번호	문항	전혀 그렇지 않다	약간 그렇지 않다	보통이다	약간 그렇다	매우 그렇다
1	나는 내가 다른 사람들처럼 가치 있는 사람이라고 느낀다.	1	2	3	4	5
2	나는 좋은 성품을 가졌다고 생각한다.	1	2	3	4	5
3	나는 내가 실패자라고 생각하지 않는다.	1	2	3	4	5
4	나는 대부분이 사람들만큼 일을 잘할 수 있다.	1	2	3	4	5
5	나는 내 자신을 존경한다.	1	2	3	4	5
6	나는 자랑할 만한 것이 많다.	1	2	3	4	5
7	나는 나 자신에 대해 긍정적인 태도를 가지고 있다.	1	2	3	4	5
8	대체로 나는 나 자신에 대해 만족하고 있다.	1	2	3	4	5
9	나는 꼭 필요한 사람 사람이다.	1	2	3	4	5
10	나는 장점을 많이 가지고 있다.	1	2	3	4	5
점수 합계						

출처: 이혜림(2019)에서 참고

Activity 2

자신에 대해 잠시 생각해 보고 자신을 표현할 수 있는 단어 3가지로 설명해 보세요.

나는 ○○○입니다.	
자신을 표현할 수 있는 단어	이유

Activity 3

자신의 강점과 약점에 대해 생각해 보고, 자신 있는 일이 무엇인지 적어 보세요.

구 분	특 성	자신 있는 일
강점		
약점		

Activity 4

우리가 일상에서 사용하는 많은 혐오 표현들(예: 맘충)을 찾아 그 뜻에 대해 생각해 보고, 존중하는 표현으로 바꾸어 보세요.

혐오 표현		표현에 담긴 뜻, 느낌 생각해 보기	존중하는 표현으로 바꾸어 보기
1			
2			
3			
4			
5			
6			
7			
8			
9			
10			

Activity 5

자신의 타인존중 태도 수준이 어떠한지 확인해 봅시다. 다음 문항을 읽고 자신에게 가장 가까운 항목에 표시해주세요. 점수를 합산하여 점수가 높을수록 타인존중의 수준이 높다고 할 수 있습니다.

번호	문항	전혀 그렇지 않다	약간 그렇지 않다	보통이다	약간 그렇다	매우 그렇다
1	나는 친구의 입장을 생각하여 행동한다.	1	2	3	4	5
2	나는 다른 사람의 입장을 항상 생각해 본다.	1	2	3	4	5
3	나는 남을 업신여기고 말을 함부로 하지 않는다.	1	2	3	4	5
4	친절을 베푸는 사람에게는 항상 고맙게 생각한다.	1	2	3	4	5
5	내 물건을 친구에게 잘 빌려 준다.	1	2	3	4	5
6	이웃에 사는 사람이나 웃어른을 보면 먼저 아는 체를 한다.	1	2	3	4	5
7	나는 친구의 잘못을 감싸 준다.	1	2	3	4	5
8	나는 남의 잘못을 너그럽게 용서한다.	1	2	3	4	5
9	상대방과 다투었을 때는 내가 먼저 사과한다.	1	2	3	4	5
10	마음에 들지 않는 일이 있어도 인간관계를 유지한다.	1	2	3	4	5
11	어떤 급한 일이 있어도 약속은 꼭 지킨다.	1	2	3	4	5
12	내가 속한 집단의 규칙을 잘 지킨다.	1	2	3	4	5
13	남에게 친절을 베풀 때는 대가를 바라지 않는다.	1	2	3	4	5
14	개인 사정이 있어도 집단에서 내가 맡은 역할은 반드시 한다.	1	2	3	4	5
15	팀 활동을 할 때 함께 의논하는 것이 좋다.	1	2	3	4	5
16	팀 내에 싫어하는 사람이 있어도 일을 의욕 있게 한다.	1	2	3	4	5
17	다른 사람들과 함께하는 일들은 무슨 일이든 최선을 다해 참여한다.	1	2	3	4	5
18	뚜렷한 근거 없이 남을 의심하지 않는다.	1	2	3	4	5
19	남을 의심하기 전에 먼저 자기의 잘못이 있나 되돌아본다.	1	2	3	4	5
20	충고를 기쁜 마음으로 받아들인다.	1	2	3	4	5
점수 합계						

출처: 황순영·이후희(2017)에서 참고

Activity 6

지구상에는 인간, 동식물을 비롯한 많은 생명체가 공존하고 있습니다. 다양한 생명체와의 공존을 위해서는 우리가 먹는 음식에 대한 인식, 태도, 행동의 변화가 필요합니다. 생태적 다양성 존중을 위해 우리가 실천할 일에 대해 생각해 봅시다.

영역	질문	예/아니오
음식에 대한 인식	올바른 음식이 무엇인지 아는가?	
	식품 첨가물의 유해성에 대해 아는가?	
	음식으로 인한 사람, 동식물의 피해를 아는가?	
	생태계를 위협하는 환경에 대해 아는가?	
음식에 대한 태도	올바른 식생활을 실천하려는 태도를 갖고 있다.	
	바른 먹을거리를 구입하려는 태도를 갖고 있다.	
	직접 요리를 해 먹으려는 태도를 갖고 있다.	
음식에 대한 행동	올바른 식생활을 실천하고 있는가?	
	식품 성분 표시를 확인하고 구입하는가?	
	문제가 되는 음식은 먹지 않는가?	
	유기농산물을 이용하는가?	
	음식을 적당량만 먹고 음식쓰레기를 줄였는가?	
실천해야 할 점		

CHAPTER

04

평등

1. 인간 권리회복을 위한 역사적 노력

인간은 누구나 평등한 존재로 인정받아야 할 권리를 가지고 있다. 인간 행동의 결과로서가 아닌 인간이라면 누구나 이성적 존재로서의 존엄성이 있기 때문이다. 그럼에도 불구하고 평등의 가치가 우리에게 자리잡기까지는 오랜 세월이 걸렸고, 불평등에 맞서 싸워온 피와 땀이 있었다. 많은 혁명과 투쟁의 결과로 인류는 타고난 권리를 누릴 수 있게 되었고, 평등한 존재로서의 존엄성을 인정받게 되었다. 그러나 아직도 인간의 존엄성과 권리를 무시당한 채 차별 속에서 살아가는 소외된 사람들이 있으므로, 인류의 불평등 문제를 해결하기 위한 관심과 노력이 필요하다.

인간 권리를 찾기 위한 투쟁의 역사는 영국의 권리장전(權利章典: Bill of Rights, 1689)에서 살펴볼 수 있다. 영국의 권리장전에는 영국 국민만이 누릴 수 있는 권리와 자유가 규정되어 있다. 영국 의회정치 확립의 기초가 된 권리장전은 영국의 절대주의를 종식시켰다는 데 큰 의의가 있으며, 후에 미국의 독립운동, 프랑스 혁명에도 영향을 미쳤다.

1776년 미국 독립선언문에서도 인간이 가진 평등의 가치를 찾아볼 수 있다. 미국 독립선언문에는 "모든 사람은 평등하게 태어났고, 조물주는 몇 개의 양도할 수 없는 권리를 부여하였으며, 그 권리 중에는 생명과 자유와 행복의 추구가 있다."라는 내용이 명시되어 있다. 이는 인간이 출생부터 가지고 태어난 평등과 권리를 명확하게 규정한 것이다.

이후, 1789년에는 프랑스 인권선언이 있었다. 프랑스 인권선언은 프랑스 혁명의 결과물로, 유럽 대륙 최초의 인권선언이다. 프랑스 인권선언에는 인간은 권리에 있어서 자유롭고 평등하게 태어나 생존하며, 사회적 차별은 공동 이익을 근거로 해서만 있을 수 있음을 명시하고 있다. 또한 모든 주권의 원리는 본질적으로 국민에게 있으며, 어떠한 단체나 어떠한 개인도 국민으로부터 명시적으로 유래하지 않는 권리를 행사할 수 없음을 규정하였다. 더불어 자유에 대한 것으로서 인간은 타인에게 해롭지 않은 모든 것을 행할 수 있으므로 각자의 자연권 행사는 사회의 다른 구성원에게 같은 권리의 향유를 보장하는 이외의 제약을 갖지 아니하며, 그 제약은 법에 의해서만 규정될 수 있다고 하였다.

이처럼 영국의 권리장전, 미국의 독립선언문, 프랑스의 인권선언에서 시작한 인간 권리 회복을 위한 투쟁은 러시아 혁명(1917), 독일 바이마르 헌법(1919), 스페인 공화국 헌법(1931)에 이르기까지 이어졌다. 각각의 선언과 헌법에는 인간이 누구나 평등하게 가질 정치적 권리, 시민으로서의 권리, 경제적 권리, 사회적 권리 등을 언급하고 있다.

한편, 인간이 가진 평등의 권리를 다룬 국제적 협정으로는 1864년 제네바 협정이 있다. 제네바 협정에서는 전시 부상자들의 상태에 대한 개선을 논의하였는데, 이때 이루어진 전쟁 피해자들의 권리 보호에 관한 조약이 오늘날 국제적십자 위원회의 토대가 되었다.

이후 1926년 국제연맹 총회에서는 노예무역 금지 및 폐지를 선언하는 협정을 조인하였다. 노예무역 금지 및 폐지 선언은 인간을 더 이상 수단이나 재화로 보지 않고 인간이 가지고 있는 그 자체로의 존엄성과 누구나 평등하게 대우받아야 함을 인정한 것이다.

1945년에는 유엔 헌장이 채택되었는데, 유엔 헌장에는 인간의 기본적인 인권, 인간의 품위와 가치, 남녀평등에 대한 권리, 모든 나라가 가지고 있는 평등한 권리에 대해 명시되어 있다.

1948년 열린 유엔 총회에서는 세계인권선언이 이루어졌다. 이 선언에서는 경제·사회·문화적 권리에 대한 시민권과 참정권에 대한 국제 규약 및 의사전달 등을 규정하였다. 또한 인간이 가지고 있는 법 앞에서의 평등을 비롯한 재산권, 사상의 자유, 의견 및 표현의 자유 등을 포함하고 있다.

이러한 국제적 협정이 이루어진 이후에도 유엔 협정에서는 지속적으로 인간이 가진 권리에 대해 목소리를 높였다. 그 결과로 차별적 대우를 받던 여성들의 지위가 많이 향상되었고, 망명자들의 국적, 종교적 자유, 교육받을 권리, 공적 구호에 대한 의무, 국민으로서 누릴 권리 등에 대한 관심이 높아졌다. 그뿐만 아니라 인종, 피부색, 혈통, 출신 민족에 근거한 차별을 금하게 되었다. 이러한 유엔 인권법은 전 세계적으로 많은 변화를 일으키는 데 일조하였으며, 인간이 국제적 보호 아래 있을 수 있도록 영향력을 행사하고 있다.

세계인권선언

제1조 모든 사람은 존엄성과 권리를 가지고 동등하게 태어난다. 인간은 이성과 양심을 부여받았으며 서로에게 동료애를 가지고 행동해야 한다.

제2조 모든 사람은 세계인권선언에 나온 모든 권리와 자유를, 인종, 피부색, 성, 언어, 종교, 정치적 혹은 다른 견해, 국가적 혹은 사회적 출신, 재산, 태생 혹은 다른 지위와는 상관없이 부여받는다.

출처: 국가인권위원회(www.humanrights.go.kr)

2. 평등의 개념

평등의 사전적 정의는 '권리, 의무, 자격 등이 차별 없이 고르고 한결같음'이다. 따라서 평등주의자들은 대체적으로 성, 인종, 피부색, 신체적 특성 등과 관련된 자연적 차이, 시민권, 종교, 사회적 신분 등과 관련된 제도적 차이 등에 의해 차별되지 않아야 한다고 본다(박상수, 2014).

평등은 동일성과 공정성의 성격을 가지고 있다. 동일성이란 인간은 빈·부·귀·천의 차이 없이 누구나 동일하게 태어났으므로 각자를 대우함에 있어 차별이 있어서는 안 된다는 의미이다. 공정성이란 결과의 평등이 아닌 과정(過程)의 평등과 관련한 것으로, 정당한 규정과 규칙에 따른 실천이 이루어져야 하며 규정과 규칙은 대상별 특성에 따른 적절한 적용이 고려되어야 한다는 것이다.

루터(Luther)는 인간은 조물주의 형상대로 창조함을 받았기에 누구나 동등하고 평등해야 한다고 하였다. 그는 인간이 신의 형상으로 만들어졌다는 점이 곧 인간이 존엄하다는 의미라고 주장한다. 모든 인류가 평등하게 존중받아야 할 인격적 존엄성을 인간이 가진 이성에서 찾은 것이 아니라 창조적 원리에서 찾은 것이다. 스토아 학파 철학자들 역시 루터의 주장과 맥을 같이한다. 인간은 같은 기원에서 출발하였고 보편적 이성을 지닌 존재이기에 모든 인류는 평등하다는 것이 그들의 주장이다.

그동안 많은 철학자들과 종교 개혁자들이 인간이 가진 평등의 권리를 주장하였음에도 불구하고 인류는 폭력, 착취, 억압 등으로 힘이 약한 민족을 종속시켜 지배하였다. 인류는 자급자족 시대에서 시장경제시대로 변화되어 가는 환경 속에서 자본의 우위성을 앞세우게 되었고, 인간 존재 이유를 경제적 관점으로 해석하기 시작하였다. 인간이 만든 이윤추구 사회 속에서는 경쟁, 싸움, 쟁취 등이 생길 수밖에 없었고, 이는 인간을 평등한 존재로 여기기보다 우열의 가치로 평가하게 만들었다. 이처럼 인류는 오랜 역사 속에서 차별을 뿌리 깊게 관습화하였고, 차별을 허용해 온 역사 속에서 또 다른 차별을 만들어 내고 있다.

우리가 평등의 가치를 인식하고 있음에도 아직 우리 사회에는 관습화된 차별이 많이 존재한다. 자신은 평등한 가치관을 가졌고 타인을 차별하지 않는다고 생각하는 사람들이라도 미처 깨닫지 못한 상태에서 차별하고 있는지도 모른다. 혹은 사회 속에서 일어나고 있는 차별을 보고도 그냥 넘기게 되거나 자신의 일이 아니니 외면하고 있는 경우도 허다하다. 그래서 인간은 차별을 큰 문제로 인식하지 못하고 차별당하는 사람들의 고통을 이해하지 못하기 쉽다. 그러나 차별 없는 완벽한 사회를 만드는 것이 어렵고, 누구에게나 공정한 이상적 사회를 만드는 것이 불가능할지라도 평등의 가치를 실천하기 위한 관심과 노력은 멈추지 말아야 한다.

차별의 문제를 해결해야 하는 의무는 차별을 당하는 사람들에게만 있는 것이 아니라 차별을 허용해 온 사회 구성원 모두에게 있기 때문에, 공동체 구성원 모두가 평등한 사회 구현에 동참해야만 한다. 차별은 행하는 측과 당하는 측이 반드시 존재하기 마련이므로 평등의 실현은 차별 당하는 특정 집단 혼자서 해결할 수 있는 문제가 아니다. 따라서 평등한 사회를 만들기 위해서는 차별을 받고 있는 사람들이 스스로의 권리를 찾기 위해 노력해야 하는 것은 물론, 그들을 향한 공동체 구성원의 관심과 배려, 문제 해결에 동참하는 실천이 있어야 한다.

평등의 가치를 실현하기 위해서는 인간이 가져야 할 기본 태도, 기본적인 인권에 대한 공동체 구성원들의 이해도 필요하다. 인간의 존엄에 대한 관념, 이를 토대로 법률로 정한 인권이 구체화되어야 하고 침해되어서는 안 된다.

아리스토텔레스는 평등을 개인적 정의와 비례적 정의로 구분하였다. 개인적 정의는 사적인 영역의 평등성 원리로, 모든 개인은 동등하다는 것을 의미한다. 비례적 정의는 공적인 영역의 원리로, 보상이나 분배, 공익 참여 등에 있어 차별을 고려해야 함을 말한다. 그가 제안한 평등의 정의를 토대로 본다면 평등을 실현하기 위해서는 보편적 평등과 차별적 평등이 적절히 이루어져야 한다. 따라서 어떠한 근거와 기준으로 보편적 평등과 차별적 평등을 제공할지가 논의되어야 한다. 이는 많은 국가가 고민하는 부분이며 평등의 가치를 이상적으로 실현하기 위해 끊임없이 논의해야 할 주제이다.

아리스토텔레스의 평등

- 개인적 정의: 모든 개인은 동등하다는 것을 의미
- 비례적 정의: 보상이나 분배, 공익 참여 등에 있어 차별을 고려하여야 한다는 것을 의미

3. 평등의 종류

평등은 기회의 평등, 조건의 평등, 결과와 산출에서의 평등 세 종류로 나누어 볼 수 있다.

1) 기회의 평등

기회의 평등은 인간 누구나 자신이 선택할 수 없는 요소들, 말하자면 인종, 성, 피부색, 신체적 특성 등에 의해 그 어떤 사회·문화적 제도하에서 차별당해서는 안 된다는 것이다. 즉, 어떠한 일을 시도하거나 도전하는 데 있어 출발점이 동일해야 한다는 의미로, 달리기로 설명한다면 출발선을 동일하게 설정하는 것이다. 기회의 평등에는 '최소한' 두 가지의 의미가 포함된다. 하나의 의미는 채용이나 일의 할당에 있어 평가에 무관한 요인들로 개인들 간 차별을 하지 않고 개인의 직무 수행에 대한 자질만을 보고 평가한다는 의미에서의 기회의 평등이다. 또 다른 하나의 의미는 잠재능력이 있는 모든 사람들이 그들의 직무 수행에 대한 적절한 자질을 확보하는 데 있어 환경의 영향이 완화될 수 있도록 만들어 줌으로써 모든 개인들이 같은 출발선에서 경쟁을 시작할 수 있도록 한다는 의미에서의 기회의 평등이다(김우철·이우진, 2009). 기회의 평등의 예로는 어려운 생활 환경에 처해 있어 학업에 매진하기 어려운 학생들에게 대학입시에서 '기회균등전형'과 같은 특별 전형을 마련해 주는 것을 들 수

있다. 많은 민주주의 국가에서 기회의 평등 실현을 위한 다양한 노력을 하고 있다. 그러나 다양한 정책을 통한 노력에도 불구하고 자본주의 사회에서 기회의 균등이 제대로 지켜지기 어려운 점이 있다는 것이 많은 전문가들의 의견이다.

2) 조건의 평등

조건의 평등은 소득의 평등과 같이 모든 삶의 조건이 평등해야 함을 의미한다. 이는 기회의 평등에 대한 현실적인 한계의 인식에서 출발하였다. 기계적·수학적 평등, 남녀 평등이 아닌 상대적 평등을 말한다. 조건의 평등을 수반하지 않으면서 기회의 평등을 극대화하는 것은 불가능하다. 모든 사람이 평등하다는 원칙은 비교의 대상이 동등할 때에만 타당한 것으로, 동등하지 않은 존재의 경우에는 그 조건을 고려한 평등이 적용되어야 함을 말한다. 모든 인간이 동일 지점에서 출발할 수 있는 것은 아니기에 조건의 평등이 고려되지 않으면 기회의 평등 역시 실현되기 어렵다. 만약 여성들이 육아휴직으로 인해 손해를 감수해야 하는 불합리한 구조가 있다면 이러한 문제를 해결하기 위한 제도를 마련하는 것이 필요하다. 육아휴직을 제도적으로 보장하거나 직장 내 보육시설 등을 확충하는 것 등이 조건의 평등이라고 할 수 있다.

3) 결과나 산출에서의 평등

결과나 산출에서의 평등은 불평등을 개혁하기 위해 환경, 상황에 따라 서로 다른 정책이나 과정을 적용하는 것이다. 어떠한 기회에 접근하지 못했던 계층에게 혜택을 제공해주어 모든 사람이 누릴 수 있는 기회를 마련해 주는 것이 기회의 평등이라면 결과의 평등은 불평등한 환경에 놓일 수 있는 계층에게 평균보다 더 많은 기회와 복지를 제공하여 결국 동일한 결과나 산출을 이끌어 내는 것을 말한다. 사회구조상 조건의 평등이 마련된다 하더라도 결과의 평등이 보장되기 어려운 한계가 있을 수 있다. 이러한 문제들을 극복하기 위해 마련된 것이 결과나 산출에서의 평등이다. 예를 들면, 누적된 차별로 인해 경쟁에서 불리한 위치에 있을 수밖에 없는 대상들에게 강제성을 띤 적극적인 조치를 제도적으로 마련하는 것을 말한다. 공무원 채용 시험에서 국가유공자에게 주어지는 가산점이나 기업체의 채용에서 일정 비율 이상 장애인을 고용하도록 국가에서 권장하는 것도 결과나 산출의 평등 실현을 위해 마련된 도중 하나이다.

표 4-1 평등의 종류

구분	내용
기회의 평등	인간은 누구나 그 어떤 사회·문화적 제도하에서 차별당하지 않아야 한다는 평등
조건의 평등	인간이 동일지점에서 출발할 수 있는 것은 아니기에 적절한 제도를 마련한 평등
결과나 산출에서의 평등	불평등한 환경의 계층에게 더 많은 기회와 복지를 제공하여 동일한 결과나 산출을 이끌어 내는 평등

SHARED VALUE

4. 평등은 왜 필요한가?

1) 구성원들 간 신뢰, 통합

사회학자인 리처드 윌킨슨(Richard Wilkinson)은 『평등해야 건강하다』라는 책에서 불평등이 사회를 병들게 한다고 주장하였다. 불평등한 사회일수록 구성원들 간 신뢰가 낮고 이는 결국 사회통합에 부정적 영향을 미친다는 것이다. 그는 1인당 국민소득이 대략 25,000달러를 넘어서면 불평등이 단일 요인으로서 건강이나 빈곤, 교육과 범죄 등 거의 모든 사회 문제에 악영향을 미친다고 하였다(Wilkinson, 2008). 즉, 절대적 빈곤이 아닌 상대적 소득의 차이, 불평등으로 인한 사회적 격차의 심화 등이 사회가 건강한지 아닌지를 판단하게 하는 주요 요인임을 주장한 것이다. 불평등한 구조 속에서 차별을 당하는 구성원들은 사회에 대해 신뢰하지 못하고 사회가 주는 혜택에 불만족스러워하기 때문에 공동체의 일에 협력하지 않는다. 따라서 불평등이 심한 상태로는 건강한 사회를 이루기 어렵다. 이처럼 평등은 구성원들 간 신뢰와 통합에 필수적인 요소이다.

평등한 사회가 건강하다

불평등이 심할수록 사람들은 협력하여 문제를 해결하는 전략 대신 경쟁과 힘에 의해 해결하는 전략을 선호하게 된다.

–중략–

불평등이 심해지면, 타인에 대한 신뢰도가 낮아지고 사회통합이 줄어들며 사회적 관계의 질은 내려가고, 범죄와 폭력은 증가하고, 스트레스가 증가하여 건강은 나빠지고 평균 기대수명이 떨어지며, 사람들 사이의 신뢰수준은 내려간다.

출처: Wilkinson(2008)

2) 공동체의 안정

평등은 공동체의 안정에도 기여한다. 불평등은 폭력, 살인률 등의 범죄와도 관련이 깊은데, 불평등한 사회일수록 강력 범죄가 많이 발생하는 것으로 알려져 있다. 윌킨슨도 불평등한 사회일수록 소수자에 대한 차별이 많이 나타나고 공격적인 남성문화가 발달하며 범죄율이 높아진다고 주장하였다. 따라서 평등한 사회에서는 잘못된 일에 대해 스스로를 탓하는 경향이 강한 반면, 불평등한 사회에서는 잘못의 책임을 남에게 전가하는 경향이 크기 때문에 불평등한 사회일수록 폭력이나 살인과 같은 범죄가 많이 나타난다고 하였다(Wilkinson, 2008).

불평등한 사회에서 강력 범죄 발생률이 높은 이유는 독일의 영장류 학자인 폴커 좀머의 연구에서 찾아볼 수 있다. 그의 연구에 따르면 영장류들은 자신보다 서열이 높은 개체에게 공격을 받게 되면 곧바로 자신보다 서열이 낮은 동물을 공격한다고 한다. 이렇게 낮은 서열의 동물에게 앙갚음하는 일은 영장류 사회에서 매우 흔한 일인데, A에게 공격당한 B는 자신보다 서열이 낮은 C에게 앙갚음하며, C는 다시 서열이 낮은 D를 괴롭힌다는 것이다. 또한 가장 서열이 낮은 D는 서열과 상관없는 구경꾼에게라도 화풀이를 한다고 하였다. 이처럼 영장류들은 먹잇감과 짝짓기를 위해 서열을 만드는데, 그 서열 싸움에서 지게 되면 어김없이 그다음 서열에게 화풀이를 하는 현상이 나타난다고 한다. 이를 '자전거 타기 반응(Bicycling reaction)'이라고 하는데, 자기보다 서열이 낮은 동물에게는 발길질하면서도 서열이 높은 동물에게는 등을 굽실거리는 것이 사람이 자전거를 탈 때의 모습과 유사하다고 하여 붙여진 이름이다.

우리 인간 사회에서도 높은 서열에는 머리를 숙이면서도 아래 서열에게 앙갚음하고 발길질을 하는 사례가 흔하게 나타난다. 보통 낮은 사회적 지위로 인해 수치심을 많이 느낀 사람들은 자신의 손상된 자아존중감을 회복하기 위해 사회적 약자나 취약집단을 괴롭힌다. 그렇게 함으로써 자신이 사회적 약자나 취약집단보다 더 우월하다는 것을 보여주고 손상된 자아존중감을 되찾으려 하는 것이다.

이는 학교 폭력 가해 청소년들의 사례에서도 확인할 수 있다. 많은 연구에서 학교 폭력의 가해자들, 즉 약한 친구를 따돌리거나 괴롭히는 청소년들은 가정에서 어려움을 겪거나 폭력 등으로 억압을 당한 경험이 있다고 보고하고 있다. 이처럼 사람들은 자신의 지위를 인정받거나 유지하기 위해 자신보다 못하다고 생각되는 집단을 괴롭히고 그들 앞에서 거만하게 행동하려는 경향이 있다.

우리 사회에서 자전거 타기 반응이 가장 두드러지게 나타나는 집단을 찾자면 교도소를 빼놓을 수 없을 것이다. 죄수들 집단은 사회에서 차별, 무시, 업신여김을 당했던 사람들이 포함되어 있을 가능성이 크다. 이러한 이유로 죄수들이 모여 있는 교도소는 서열로 인한 괴롭힘이 매우 빈번하게 나타나는 공간이라고 할 수 있다. 이처럼 교도소에서 자전거 타기 반응이 크게 나타나는 것은 죄수들이 사회에서 당했던 차별이 큰 원인이다.

구성원들 간 위계가 크게 나타나고 불평등이 증가할수록 취약집단에 대한 사회적 차별이 심해지고 소수자들에 대한 인권은 무시되기 쉽다. 실업률이 높아지거나 불경기가 심화되어 구성원들의 소득 차이가 커지면 사람들은 상대적 빈곤으로 인해 자신의 지위나 존엄성이 위협받는다고 느낀다. 실업률이 높고 경기가 침체될수록 인종차별이나 인종주의적 공격이 빈번하게 일어나게 되는 이유도 바로 이 때문이다. 이와 같이 사회적 불평등은 각종 강력 범죄를 유발하고 공동체의 안정과 평안을 위협하는 요인이다.

자전거 타기 반응

강력한 서열 체계를 가진 권위주의적인 사회구조에서 사람들은 마치 자전거 탈 때의 자세처럼 윗사람에게는 머리를 조아리는 반면, 아랫사람들은 발로 차서 넘어뜨린다고 하여 붙여졌다. 이는 불평등이 심각한 사회에서 왜 여성, 종교적·인종적 소수자들이 더 심한 차별을 당하는지를 설명해준다.

3) 구성원들의 정신적 건강

평등은 구성원 개개인의 정신적 건강과 주관적 웰빙에 영향을 미친다. 윌킨슨(2008)은 불평등한 사회적 환경은 사회적 갈등을 불러올 뿐 아니라 구성원들에게 스트레스성 질병, 우울증과 같은 정신적 질병을 야기할 수 있다고 하였다. 그는 불평등한 사회일수록 그 사회에 속한 구성원들의 사망률이 높다는 사실을 통해 사회적 불평등이 구성원들의 정신적 건강, 행복과 연관된 주관적 웰빙과 관련이 있음을 증명하였다.

주관적 웰빙이란 개인이 자신의 삶에 대해 느끼는 장기적이고 종합적인 생각, 혹은 평가로, 편안함, 안정감, 행복함 등의 감정이다. 주관적 웰빙은 소득수준, 건강 상태 등과 같은 개인적 상황이나 환경에 의해 영향을 받기도 하지만 개인의 삶의 기회를 구조화하는 사회정치적인 요인들에 의해서도 달라진다. 기존의 이론적 논의에 따르면 거버넌스의 질, 부정부패에 대한 시민들의 인식, 사회와 제도에 대한 신뢰, 그리고 복지제도에 따른 불평등의 정도가 주관적 웰빙에 영향을 미치는 것으로 알려져 있다. 사회적 지위가 높은 사람들과 낮은 사람들의 기대수명을 비교해 보았을 때, 지위가 낮은 사람들의 기대수명이 상대적으로 짧은 것으로 보고되고 있는데, 이는 사회적 환경이 개인의 정신적 건강에 영향을 미친다는 증거이다. 자신이 속한 사회가 평등하다고 느낄 때 정서적으로 안정된 생활을 할 수 있는 것이므로 공동체의 평등가치 실현은 구성원들의 정신적 건강에 매우 중요하다.

5. 평등 사회를 위한 과제

1) 사회적 노력

우리가 살고 있는 사회는 과연 평등한가? IMF 2019년 자료를 기준으로 볼 때 대한민국의 1인당 명목 GDP는 31,430달러로, 세계 27위에 해당하지만 소득 불평등 정도는 세계 상위권 수준에 달한다. 소외된 계층을 위한 복지지출에 있어서도 아직 가야 할 길이 멀다. 국가에서는 국민의 삶을 보호하기 위한 다양한 노력을 하고 있지만, 전체 경제 규모에 대비한 공공사회 복지지출 규모는 여전히 경제협력개발기구(OECD) 회원국 평균의 절반 수준에 머무르고 있다. 2018년 기준 한국의 국내총생산(GDP) 대비 공공사회 복지지출 비율은 11.1%로, 이는 공공사회 복지지출 비율을 OECD에 제출한 회원국 29개 나라 가운데 꼴찌이다. 이들 나라의 공공사회 복지지출 규모는 평균 국내총생산의 20.1%에 달했다. 이 외에도 우리나라가 보여주고 있는 많은 지표, 예를 들면 OECD 국가 중 최상위권에 속하는 이혼율과 저출산율, 자살률, 비정규직 비율 등은 모두 사회적 불평등의 맥락에서 이해될 수 있다(한겨레신문, 2019. 09. 30.).

사회적 불평등은 차별과 소수집단에 대한 공격, 사회 문제에 대한 무관심을 심화시킨다. 불평등한 사회에서 아이들의 왕따, 직장 내 소외, 인종주의적 공격, 소수자들에 대한 차별 등이 심하게 나타나고 구성원들의 정치 참여가 낮은 것은 바로 이러한 이유 때문이다.

이처럼 정치, 경제, 사회, 문화 등 다방면에 있어 공동체의 안정과 발전을 이루기 위해서는 불평등 문제를 해결하는 것이 시급한 과제이다. 사회적 약자가 갖는 불평등의 문제를 국가가 해결하고, 그 책임을 국가, 사회, 가족이 함께 나누어야 한다.

2015년 노벨 경제학상 수상자인 프린스턴 대학의 앵거스 디턴(Angus S. Deaton) 교수는 자본주의 위기와 불평등을 주제로 열린 세션에서 "절망적 죽음(deaths of despair)에 이르는 미국인이 크게 늘어나고 있다."고 하였다. 또한 "이는 미국의 자본주의 시스템에 큰 문제가 생겼음을 보여준다."고 지적하였다. '절망적 죽음'이란 자살, 약물

복용, 알코올 문제 등으로 인한 일종의 사회적 죽음을 뜻한다. 절망적 죽음을 막기 위해서는 불평등 문제에 주목하는 사회적 노력이 필요하다. 불평등 문제를 해결하기 위한 대책으로 많은 경제학자들은 '포용적 성장'을 주장한다(매일경제, 2020. 01. 05.).

우리 사회도 자본주의 시스템을 성공적으로 운영하고 지속적인 성장을 도모하기 위해서는 불평등 문제를 해결해야만 한다. 앵거스 디턴 교수의 말처럼 평등한 사회 구현을 위해서는 보다 적극적인 사회적 노력을 통해 소외된 구성원들이 함께 성장할 수 있는 포용적 성장의 길로 나아가야 할 것이다.

> 진정한 평화는 여러 국가의 산물이자 여러 가지 행동의 총화로
> 이루어져야 합니다.
> 새로운 세대마다의 도전에 대응할 수 있도록
> 변화하며 정적이지 않고 역동적이어야 합니다.
> 평화란 문제 해결의 한 과정, 한 방법이기 때문입니다.
> - 중략 -
> 이견에만 집착하지 말고,
> 공동의 이익과 그 이견을 해결할 수 있는 수단에 주의를 돌립시다.
> 그리고 만약 우리의 이견을 지금 없앨 수 없다면,
> 적어도 우리는 세계를 다양성이 안전하게 존재할 수 있는 곳으로
> 만드는 일을 도울 수 있습니다.
> 궁극적으로 말해서 우리의 가장 근본적인 공동의 유대는
> 우리 모두가 이 조그마한 지구에 살고 있다는 사실이기 때문입니다.
>
> – 존 F. 케네디(John F. Kennedy)의 아메리카 대학교(1963)에서의 연설

2) 공동체의 관심과 합의

우리 사회의 법적·제도적 환경이 평등을 실현하는 데 있어 부족한 점이 많다는 것은 부인할 수 없는 사실이다. 또한 평등을 바라보는 시민들의 관심이나 의식이 낮은 것도 우리가 해결해야 할 문제이다. 불평등한 법적·제도적 환경을 바꾸기 위해서

는 공동체 구성원들의 의식이 먼저 바뀌어야 한다. 물론 평등의 가치를 실현하는 것은 어려운 일이다. 어려운 일이기에 구성원들이 힘을 모으고 함께 노력해야 한다.

인간은 누구나 서로 다른 환경을 가지고 태어난다. 타고난 외모나 재능 역시 모두 다르다. 이러한 환경과 능력은 자신의 노력으로 결정되는 것도 아니다. 태어날 때부터 부여되는 환경, 외모, 능력 등의 차이는 인간을 불평등 속에 놓이게 한다. 어찌 보면 인간의 삶에서 평등 가치실현과 평등 사회 구축이라는 꿈은 실현 불가능한 일일지도 모른다. 그럼에도 불구하고 우리가 평등의 가치를 내려놓지 말아야 하는 이유는 평등이 구성원들의 신뢰와 통합, 공동체의 안정에 기여하는 중요한 가치이기 때문이다.

평등 실현의 방법에는 정답이 정해진 것이 아니기에, 구성원들의 논의와 합의는 필수적이다. 예를 들면, 우리 사회는 농어촌 학생이나 한부모가정, 장애인 들에게 대학 입시에서 특별 전형을 마련해주고 있다. 취업 시 국가유공자들에게 가산점을 주거나 아파트 분양을 할 때 다자녀를 둔 가정이 유리하도록 우선순위를 주기도 한다. 이러한 제도들이 불공정하다고 여기는 사람들도 있겠지만, 우리는 약자에 대한 배려, 국가 헌신에 대한 보상, 지역 균형 발전의 일환 등으로 생각하기에 어느 정도의 불평등을 수용하게 된다. 이와 같이 구성원들의 합의가 있다면 소외된 사람들이나 사회적 약자를 위한 어느 정도의 불평등은 용인된다. 그러나 각각의 구성원들과 공동체마다 평등을 바라보는 관점이나 기준이 다를 수 있다. 그렇기에 평등한 사회를 구현하기 위해서는 공동체 구성원들이 공감대를 확대하고 함께 원칙과 기준을 마련할 필요가 있다.

> 내 목표는 완전한 평등이라기보다는
> 지금의 불평등 수준이 지나치다는 믿음에 따라
> 현재 수준 아래로 불평등을 줄이는 것이다.
>
> – 앤서니 앳킨슨(Anthony B. Atkinson)

3) 평등 가치 교육

어느 것이 우월하다고 판단하지 않고 서로 다름의 차이를 있는 그대로 인정하게 되면 차별이 생기지 않는다. 그러나 다름의 차이에 우월과 열등의 개념을 접목하게 되면 불평등이 시작된다. 종교나 민족성, 언어, 생활방식 등은 서로 다른 것이지 어느 것이 우월하다거나 열등하다고 평가할 수 있는 개념이 아닌데도 불구하고, 우리는 다름의 차이를 편견으로 오염시켜 사회적·경제적 불평등을 야기하고 있다(Elliott, 2018).

1960년대, 미국은 인종 차별 등의 불평등이 심한 사회적 분위기였다. 인종 차별 반대 운동가이자 사회심리학자인 제인 엘리엇(Jane Elliott)은 학생들에게 인종 차별 문제에 대해 가르치기 위해 실험을 실시하였다. 그녀는 학생들을 두 그룹으로 나누어 갈색 눈을 가진 아이들을 우등반으로, 파란 눈을 가진 아이들을 열등반으로 의도적인 구분을 하고 학생들에게 갈색 눈을 가진 사람이 파란 눈을 가진 사람보다 월등하다고 말했다. 또한 갈색 눈을 가진 학생들이 파란 눈을 가진 학생에게 종이로 만든 완장을 붙여주도록 하였다. 갈색 눈을 가진 학생들은 파란 눈을 가진 학생들보다 상대적으로 다수였고, 권위자인 선생님이 자신들을 우월하다고 인정해주었으므로 권위적인 존재로부터 긍정적인 평가를 받고 있다고 생각하였다. 반면, 파란 눈을 가진 학생들은 소수였으므로 수적으로 열세일 뿐 아니라 권위적인 존재에게 부정적으로 비치고 있다고 생각할 수밖에 없었다.

이 실험의 결과는 매우 빠르고 명백하게 나타났다. 30분도 지나지 않아 아이들은 서로 대립하였다. 갈색 눈을 가진 학생들은 파란 눈을 가진 학생들에게 못되게 굴었고 폭력도 행사하였다. 파란 눈을 가진 학생들은 자신들이 차별당하고 있다고 느꼈다. 갈색 눈을 가진 학생들은 자기들끼리만 어울리고 파란 눈의 학생들과는 함께 놀지도 않았다. 서로의 감정은 너욱 격해져 말다툼과 신체적 폭력은 너욱 심해졌다. 자신이 어떤 집단에 속해 있는지에 따라 자신감의 표현과 행동이 달라졌고, 심지어 이러한 태도는 학업성과에도 영향을 미쳤다. 눈동자의 색깔로 능력이나 재능의 차이가 생기는 것이 아니므로 그저 서로 다른 색깔임을 인정하면 전혀 문제가 될 것이 없는데도, 특정 색깔이 우월하다는 편견을 주입하자 이렇게 심각한 문제로 발전하게 된 것이다. 이처럼 불평등은 우리가 쉽게 받아들일 수 있는 차이를 편견으로 오염시킨다. 즉, 불평등한 사회는 다름의 차이를 차별로 만들게 되고 그에 따라 집단이 분리가 되면 서로 대립하게 될 수밖에 없다.

또한, 실험에서 권위적인 존재가 규정한 눈동자 색깔의 우열성이 학생들 사이에 균열을 만들어 내었듯이, 기성세대, 특히 부모나 교사와 같은 권위 있는 존재가 보여주는 편견이 다음 세대에게 미치는 영향력은 막대하다. 기성세대가 보이는 혐오와 차별, 편견은 아이들의 성장과정에서 지속적으로 영향을 미친다. 불평등한 환경에서 권위적인 존재와 가까울수록 자신이 우월하고 정당하다고 느끼는 것은 자연스러운 현상이므로 부모나 교사와 같은 권위적인 존재는 선동자가 아닌 중재자가 되어야 한다.

역사를 되짚어 보면 인간은 특정 피부색이나 성별이 우월하다는 편견으로 살기도 하였고, 인종, 종교, 언어, 문화적 차이로 다른 집단을 차별하기도 하였다. 첨단 기술과 신문명을 가진 집단이 원주민들보다 우월하다는 생각으로 그들을 지배하고 그들이 가지고 있는 고유문화를 위협하기도 하였다. 이렇듯 우월과 열등이라는 가치로 집단을 나누게 되면 차별로 인한 불평등이 심화되고 전쟁이나 테러 등의 문제로 인류는 고통을 겪을 수밖에 없다.

> "착한 일을 한 사람은 원래 착하기 때문이고,
> 악한 일을 한 사람은 원래 악하기 때문이다.
> 가난한 사람은 원래 그런 류의 사람이고, 부자는 원래 그런 류의 사람이다.
> 비리를 저지르는 사람은 원래 도덕적으로 문제가 있는 사람이다."
> 사람 프레임에 입각한 이런 생각들은 우리의 마음을 편하게 만든다.
> 우리는 '그런 사람'이 아니라고 생각하기 때문이다.
> 쉽고 익숙한 '사람 프레임'에서 벗어나야 한다.
>
> – 최인철

전 세계적으로 이민자들의 수는 증가하고 있다. 우리는 학업, 직장, 결혼 등의 다양한 이유로 다문화가 되어 가는 지구촌 시대를 살고 있다. 우리가 지구촌 어디에 살든 서로 다른 문화와 배경을 가진 사람들과 서로 교류하고 화합하지 않으면 잘살 수 없다. 지구촌 시대를 현명하게 살아가는 방법은 편견을 없애고 다름의 차이를 있는 그대로 인정하는 것이다. 차이점을 일반화하는 노력으로 서로 다른 가치관, 취향, 믿음, 문화를 가진 사람들이 조화를 이루고 하나의 공통된 목표를 향해 함께 노력하는 것이 개인과 공동체 모두가 행복해지는 길이다. 그러기 위해서는 후손들에게 편견이 전달되지 않도록 해야 하며 교육을 통해 평등의 가치 실현에 노력해야 한다.

유니세프 코리아(2010)에서 실시한 선진국 아동 복지 연구에 따르면 불평등한 사회일수록 어린아이들이 더 많이 괴롭힘을 당하거나 싸우고 충돌하였다. 성인이 된 다음에 일어날 폭력을 예측하는 데 있어서 어린 시절에 겪은 폭력만 한 것이 없다. 미래 사회가 더 발전하고 행복하기 위해서는 어린아이들에게 평등의 가치가 중요하다는 교육을 반드시 해야만 한다. 아동기는 미래의 삶을 좌우하는 데 기반이 되기 때문이다.

> 우리는 형제이다.
> 백인의 인권과 흑인의 인권은 밀접하게 연결되어 있다.
> 어느 한쪽도 혼자 걸어갈 수는 없다.
> 우리 흑인들이 자유를 갈망한다고 해서
> 증오의 잔으로 자유를 마실 수는 없다.
>
> – 마틴 루터 킹(Martin Luther King)

Activity 1

기회의 평등, 조건의 평등, 결과나 산출의 평등 사례를 찾아보고, 이에 대한 자신의 생각을 적어 봅시다(예: 대학 입시, 취업 등).

구분	사례
기회의 평등	
조건의 평등	
결과나 산출의 평등	
자신의 생각	

Activity 2

우리 사회에서 나타난 성차별 사례를 찾고, 양성평등을 위한 노력을 적어 봅시다.

구분	사례
여성 차별	
남성 차별	
양성평등 실현을 위한 노력 (가정, 학교, 사회 등)	
자신의 성역할 고정관념 및 양성평등을 위한 노력	

Activity 3

장애인이 겪고 있는 어려움에 대해 생각해 봅시다.

구분	사례
신체적 어려움	
심리적 어려움	
경제적 어려움	
디지털 시대에 겪는 어려움	
장애인들의 소외 문제 해결을 위해 개인, 사회가 해야 할 일	

Activity 4

자신의 다문화 감수성 수준이 어떠한지 확인해 봅시다. 다음 문항을 읽고 자신에게 가장 가까운 항목에 표시해 주세요. 점수를 합산하여 점수가 높을수록 다문화 감수성이 높다고 할 수 있습니다.

번호	문항	전혀 그렇지 않다	약간 그렇지 않다	보통이다	약간 그렇다	매우 그렇다
1	다른 인종, 민족의 서로 다름을 인정하고 수용해야 한다고 생각한다.	1	2	3	4	5
2	교사들은 학생들의 문화적 배경을 인식할 책임이 있다.	1	2	3	4	5
3	다른 문화권 사람들이 우리나라에서 문화적·종교적 색채가 강한 의상을 입고 다니는 것을 보는 것이 어색하지 않다.	1	2	3	4	5
4	나는 다른 인종, 민족의 생활방식, 언어, 풍습 등에 대해 배우는 것이 좋다고 생각한다.	1	2	3	4	5
5	교사는 다문화가정 학생의 문화적·민족적 차이를 고려하여 수업 내용 또는 교수방법을 조정할 필요가 있다.	1	2	3	4	5
6	한국 사회에서 다문화 가정 사람들이 자신의 고유 문화를 나타내는 것은 괜찮다.	1	2	3	4	5
7	나는 다른 문화권의 사람들과 함께 일할 기회가 있었으면 좋겠다.	1	2	3	4	5
8	교사는 다문화가정 학부모와 긴밀한 소통을 할 수 있어야 한다.	1	2	3	4	5
9	나는 인종이나 민족이 다른 사람과 가족이 될 수도 있다고 생각한다.	1	2	3	4	5
10	다른 문화권의 사람들과 만나는 것은 나에게 흥미로운 일이다.	1	2	3	4	5
11	나는 다문화가정 사람들도 한국 사회의 일원이라고 생각한다.	1	2	3	4	5

번호	문항	전혀 그렇지 않다	약간 그렇지 않다	보통이다	약간 그렇다	매우 그렇다
12	나는 결혼이주여성이나 해외 이주 근로자들이 부당한 대우나 차별을 받는다면 이를 개선하기 위해 노력할 것이다.	1	2	3	4	5
13	다문화 교육은 한국 문화의 정체성을 함양하는 데 도움이 된다.	1	2	3	4	5
14	나는 의사소통을 막는 언어적 장벽을 없애기 위해 다른 나라 사람들을 정중하게 도울 수 있다.	1	2	3	4	5
15	다문화가정 구성원들이 우리나라에서 혜택을 받는 것은 당연하다.	1	2	3	4	5
16	한국이 다문화 사회로 변화하는 현상은 바람직한 일이라고 생각한다.	1	2	3	4	5
17	나는 사회적·경제적 지위가 낮은 다른 나라 사람들에 대한 사회적 제약을 개선하기 위해 노력할 것이다.	1	2	3	4	5
18	다문화가정 구성원들이 우리나라에서 취업할 수 있도록 허용하는 것은 바람직하다.	1	2	3	4	5
19	나는 다른 문화권의 사람들과 함께 있어도 불편하거나 어색하지 않다.	1	2	3	4	5
20	다른 문화권의 사람들도 자신의 권리를 주장하는 것은 바람직하다.	1	2	3	4	5
21	나는 다른 문화권의 국경일, 명절이나 축제를 알고 있다.	1	2	3	4	5
22	나는 다른 문화권의 사람들과 만날 때 적용해야 할 문화적 지식을 알고 있다.	1	2	3	4	5
23	나는 다른 문화권의 종교 의식을 알고 있다.	1	2	3	4	5
24	나는 다른 문화권의 의식주 생활에 영향을 끼친 그 나라의 문화적 배경을 알고 있다.	1	2	3	4	5
점수 합계						

출처: 최유나(2015)에서 참고

CHAPTER

05

칭찬과 격려

SHARED VALUE

1. 긍정적 커뮤니케이션, 칭찬과 격려

과거 면대면 방식의 인간관계 속에서 상대를 직접적으로 비난하거나 잘못을 지적하는 것은 쉬운 일이 아니었다. 그러나 과학 기술의 발달로 디지털 매체를 중심으로 한 소통이 증가하고 있는 요즈음, 상대를 향한 부정적 언어 표현이나 욕설, 비난 등이 급속도로 증가하고 있다. 인터넷 악성 댓글의 발생 원인은 익명성, 비대면성, 집단성 등의 특성에 기인하는데, 인터넷상의 의견 표출은 이 세 가지의 특성을 모두 충족하기 쉬우므로 부정적 언어 표현이 더욱 증가하고 있는 듯하다.

정보통신기획평가원 자료에 의하면 인터넷 유해 정보 중 최근 인터넷 악성 댓글이 사회 문제로 대두되고 있음을 알 수 있다. 유명 연예인들이 인터넷 악성 댓글과 혐오 표현으로 정신적 스트레스를 겪었다거나 그 괴로움을 견디지 못해 자살에까지 이르게 되었다는 사례를 우리는 심심치 않게 접하게 된다. 유명인뿐 아니라 일반인들이 피해를 보는 사례도 갈수록 증가하고 있다. 초·중·고교 학생, 교사, 학부모를 대상으로 한 방송통신위원회 설문조사 결과, 응답자 3명 중 1명이 사이버 폭력 피해 경험이 있다고 응답한 바 있다(과학기술정보통신부, 2020. 04. 13.). 이러한 사례는 악성 댓글과 혐오 표현의 피해 사례가 우리 사회에 얼마나 흔한 일인지 짐작하게 한다.

인터넷 악성 댓글로 인한 문제는 비단 우리나라뿐 아니라 전 세계적인 사회 문제이다. 전 세계에서 보편적으로 발생하고 있는 문제가 특히 우리나라에서 더욱 문제가 되는 이유 중 하나는, 여론 형성에 있어 인터넷 포털 사이트의 영향력이 다른 나라에 비해 상대적으로 크기 때문이다. 우리나라의 경우, 악성 댓글로 인한 피해 중 상당수가 인터넷 포털에서 발생하고 있다. 수치상으로 본다면 4명 중 1명이 악성 댓글로 인한 피해를 경험한 바 있는 것으로 나타나 있고, 악성 댓글 피해를 경험하지 않았던 사람들의 대다수도 악성 댓글에 대한 부정적 견해를 피력하고 있다.

이에 따라 우리나라 현실에 적합한 악성 댓글 대처 방안이 마련되어야 한다는 의견이 많다. 악성 댓글을 게시하는 악플러들에게 단호하게 대처해야 한다는 목소리부터 무조건적 처벌과 규제가 능사가 아니라는 다양한 의견이 제기되고 있다. 서로에 대한 비방과 혐오의 표현을 어떻게 막을 수 있을지에 대한 사회적인 고민과 합의가 절실한 시점이다. 비방, 혐오와 같은 부정적 커뮤니케이션을 줄이고 칭찬, 격려와 같은 긍정적 커뮤니케이션을 사용하는 사회 분위기를 조성하는 것은 구성원 개인의 노력으로 이루어질 수 없고 공동체가 함께 노력해야 하는 것이기 때문이다.

커뮤니케이션 학자들은 공격적인 커뮤니케이션 행위가 상대방의 공격적 반응을 부르고, 공격적 반응이 많아질수록 공격의 강도는 점점 높아지게 된다고 말한다. 폭력적인 언어 교환은 충돌과 갈등의 위기를 조성하고, 이것이 갈수록 심화되는 악순환으로 이어진다. 상대를 비하하거나 부정적으로 느끼게 만드는 언어는 단순히 언어적 공격으로만 끝나지 않고 상대의 자아존중감을 무너뜨려 개인의 성장을 방해하고 공동체의 발전에도 악영향을 미친다. 따라서 구성원과 공동체가 모두 행복하고 성장하기 위해서는 칭찬과 격려와 같은 긍정적인 커뮤니케이션이 무엇보다 필요하다.

건전한 비판 VS 악성 댓글

경찰청 통계에 따르면 사이버 명예훼손·모욕 발생 건수는 2014년 8,880건에서 2019년 16,633건으로 약 2배가량으로 급증했다.
건전한 비판은 자신의 이름을 밝힐 수 있어야 하고 어린아이들이나 그 누구에게도 거리낌 없이 보일 수 있어야 한다. 건전한 비판은 그 대상의 문제를 되돌아보게 하는 것이지 인격적 모멸감을 주는 것은 아니기에 욕설이나 비속어를 동원해서는 안 된다.
반면, 악플은 욕설, 비속어, 선정적 표현, 폭력적 표현, 차별적 표현, 조롱적 표현 등을 사용하는 것이다. 악플은 표현의 자유가 아닌 폭력이다.

출처: BBC NEWS KOREA(2021. 01. 26.)

SHARED VALUE

2. 칭찬

1) 칭찬의 의미

칭찬(稱讚, praise)은 상대의 좋은 점이나 훌륭한 점을 높이 평가하여 표현하는 것이다. 칭찬은 상대를 기분 좋게 하는 의도적인 언어나 태도로, 명시적, 암시적으로 표현되는 상대에 대한 긍정적 평가이다.

칭찬이 이루어지기 위해서는 상대를 향한 관심이 필요하다. 상대에게 관심을 가져야 그의 장점이 보이게 된다. 상대의 장점을 찾았다면 언어나 행동으로 표현해주는 것이 뒤따라야 한다. 상대의 장점을 느꼈음에도 표현하지 않고 마음속에 담아두기만 하는 사람들도 있다. 이런 사람들은 칭찬에 인색하다. 상대의 장점을 발견하여 긍정적인 언이나 태도로 표현하는 것, 일상 속에서 상대의 존재를 인정해주는 것 등의 모든 행위가 곧 칭찬이다.

칭찬은 상대를 대상으로 하는 것이 일반적이지만 본인 스스로에게 할 수 있다는 점에서도 큰 의미가 있다.

> 남의 좋은 점을 발견할 줄 알아야 한다.
> 그리고 남을 칭찬할 줄도 알아야 한다.
> 그것은 남을 자기와 동등한 인격으로 생각한다는 의미를 갖는 것이다.
>
> – 괴테(Goethe)

2) 칭찬의 영향력

(1) 긍정적 자아상 형성

인간은 자신의 장점을 스스로 발견하기도 하지만 타인에 의해 깨닫기도 한다. 이러한 의미에서 볼 때 칭찬은 상대의 장점을 발견하게 하는 유용한 도구이다. 장점의 발견은 스스로를 가치 있게 바라보게 하므로 긍정적 자아상 형성에도 도움이 된다. 그뿐만 아니라 칭찬으로 인해 느끼게 되는 행복, 뿌듯함 등의 감정은 삶의 만족도를 높인다.

칭찬은 청자뿐 아니라 화자에게도 도움이 된다. 상대를 진심으로 칭찬할 수 있다는 것은 긍정적인 마인드를 가지고 있다는 의미이며, 자신에 대한 자신감과 여유가 있다는 뜻이기도 하다. 따라서 칭찬을 자주 하는 사람은 타인에게 좋은 이미지로 인식될 수 있다. 또한 칭찬을 건네며 따뜻함, 행복 등 긍정적인 감정을 느낄 수도 있다.

상대를 향한 칭찬도 의미가 있지만 자신 스스로를 향한 칭찬 또한 그 효과가 크다. 스스로를 향한 칭찬은 자신의 가치를 깨닫게 하고 자아존중감을 높여주는 중요한 역할을 한다. 동기부여 전문가인 앤드류 매튜스(Andrew Matthews)는 인간이 성공하기 위해서 가장 먼저 해야 할 일은 자신의 가치를 깨닫는 것이라고 하였다. 이처럼 칭찬을 통한 자신의 가치 이해는 성공을 향한 토대가 된다.

(2) 능력 발휘 및 성과 향상

칭찬은 동기를 지속시켜주며 어떠한 일에 대한 의욕이 생기게 한다. 사람들은 칭찬을 들으면 자신감이 생기는데, 이는 일에 대한 의욕과 능력 향상이라는 긍정적 성과로 이어진다. 칭찬이 고래를 춤추게 하는 것처럼 청자로 하여금 자신이 가진 역량을 최대한 발휘하고, 어려운 과제에도 도전할 수 있게 한다. 따라서 칭찬은 인간의 행동을 변화시키는 매우 강력한 도구라고 말할 수 있다.

김혜숙 등(2009)은 긍정적 칭찬을 자주 듣게 되면 사람들은 스스로를 매우 긍정적으로 생각하게 된다고 주장하였다. 또한, 자기를 유능하다고 믿게 되고, 이 믿음이 행동에 영향을 미쳐 일을 더욱 열심히 하게 하므로, 결과적으로 정말 능력 있는 사람이 된다고 하였다. 이처럼 칭찬은 자신이 가진 잠재력을 발휘하고 성과를 내는 데 매우 중요한 요소이다.

(3) 효과적인 의사소통과 원만한 인간관계 형성

인간은 타인의 반응에 의해 영향을 받는 사회적 존재이다. 상대와의 의사소통에서 칭찬과 같은 긍정적 피드백을 받으면 상대를 향한 마음을 열게 되고, 의사소통에 더 몰입하게 된다. 따라서 대화는 더욱 활기차게 되고 서로의 관계는 깊고 돈독하게 될 확률이 높다.

사람은 누구나 자신과 소통이 잘되는 사람, 긍정적인 피드백을 주는 사람과 만나고 싶어 한다. 따라서 자신을 칭찬해주는 사람을 더 자주 찾고 자신의 마음을 털어놓을 수 있는 존재로 생각하게 되는 것이다. 이처럼 칭찬은 효과적인 의사소통과 좋은 인간관계를 형성하는 데 있어서도 매우 중요하다.

(4) 공동체의 행복

매년 3월 20일은 국제연합(UN)에서 제정한 '세계 행복의 날'이다. 인간은 누구나 행복을 추구할 권리가 있으므로 세계 행복의 날을 제정하여 전 세계 모든 사람이 행복하게 살 수 있도록 복지혜택을 마련하고 경제발전을 도모하고자 하는 취지로 만들었다. 유엔이 정한 세계 행복의 날에는 행복지수가 발표된다. 2020년 3월 20일, 세계 행복의 날에 유엔 자문기구인 지속가능발전해법네트워크(SDSN)가 행복보고서를 발표하였다. 2020 행복보고서에 따르면, 한국은 행복지수 10점 만점에 5.872점을 받아 153개국 중 61위를 기록하였다. 54위였던 2019년의 기록보다 7계단이나 더 낮아졌다. 유엔 산하 자문기구인 지속가능발전 해법네트워크는, 세계 행복의 날을 맞아 발표한 세계행복보고서에서, 한국을 중위권으로 평가하였다(SBS 뉴스, 2020. 03. 20.).

지속가능발전해법네트워크가 발표한 국가별 행복지수는 1인당 국내총생산(GDP), 건강 기대수명, 삶에 대한 선택의 자유, 관용, 부정부패 등 6개 항목에 대한 평가를 기초로 매겨진다(UNSDSN, 2019). 우리나라는 경제적인 풍요를 누리고 있고 의료 서비스도 세계적으로 우수한 수준이지만 국민들은 사회적 차별과 갈등이 심한 편이라고 느낀다. 또한 개인이 삶을 선택할 기회가 낮고 공정과 관용에 대한 사회적 불신이 심하며 개인의 삶을 지원해주는 사회 안전망이 부족한 편에 속한다. 이러한 이유로 우리나라의 행복지수는 낮은 수준에 머물고 있다. 우리나라의 행복지수를 높이기 위해서는 사회적 차별과 갈등 해소, 부정부패 추방, 사회적 안전망 마련 등 다양한 국가적 노력이 필요할 것이다.

그렇다면 국가가 마련해야 할 제도적 장치 외에 개개인의 노력으로 행복지수를 높이기는 어려운 것일까?

칭찬이 행복감에 어떠한 영향을 미치는지에 대해 연구한 결과에서 자신에 대한 칭찬과 상대방에 대한 칭찬을 한 후 행복지수의 변화를 관찰하였는데, 연구 결과 성별, 연령, 학력에 관계없이 칭찬요법 실시 후의 행복감 지수가 눈에 띄게 증가하였다. 이 연구는 경쟁과 비교에 익숙해진 현대인들에게 칭찬이 행복감을 증진시키는 하나의 수단이 될 수 있음을 증명하고 있다(이하영·이형환·천준엽, 2017).

우리 사회의 경쟁은 갈수록 심해지고 있다. 남보다 앞서기 위한 경쟁 심리가 만연하고 남보다 우월함을 높게 평가하다 보니 상대의 좋은 점을 보고 칭찬하기보다는 단점을 찾아 억누르려 하는 데 집중하는 것이다. 상대를 질투하는 현대사회의 풍토가 익숙해지고 있는 상황에서 사람들은 점점 칭찬에 인색해지게 된다. 이렇게 삭막한 사회 분위기 속에서 서로 주고받는 칭찬 한마디는 식물에게 내리쬐는 따뜻한 햇볕과도 같다. 공동체 구성원들이 주고받는 칭찬은 공동체를 따뜻하고 풍요롭게, 그리고 행복하게 만들 수 있는 힘을 가지고 있다.

> 칭찬은 인간의 영혼을 따뜻하게 하는 햇볕과 같아서
> 칭찬 없이는 자랄 수도,
> 꽃을 피울 수도 없다.
> 그런데도 우리는 대부분 다른 사람에게
> 비난이란 찬바람을 퍼붓고
> 함께 살아가는 사람들에게
> 칭찬이라는 따뜻한 햇볕을 주는 데 인색하다.
>
> – 제스 레어(Jess Lair)

3) 칭찬에 대한 다양한 관점

그동안 칭찬과 관련한 다양한 연구들이 진행되어 왔고, 그 결과들을 통해 칭찬이 인간의 심리적·행동적 측면에 많은 영향을 미친다는 것이 증명되었다. 이처럼 칭찬이 미치는 긍정적 영향에 대해서는 여러 학자들이 공감하는 부분이지만 칭찬을 바라보는 관점에는 학자들마다 약간의 차이가 있다.

칭찬을 바라보는 관점은 다음의 세 가지로 정리할 수 있다.

(1) 인본주의적 관점

인본주의적 관점에서는 칭찬을 인간의 기본적 욕구 충족 수단으로 본다. 매슬로우가 주장한 인간의 5단계 욕구에도 나타나 있듯이 인간에게는 다른 사람으로부터 인정받고 존중받고 싶은 욕구가 있다. 칭찬은 상대를 향한 존중을 전제로 하고, 그의 장점이나 뛰어난 점을 인정하는 것이므로 중요한 욕구 충족 수단이라고 말할 수 있다. 인간은 칭찬을 통해 타인으로부터 인정받고 있음을 확인하고 싶어 하며, 타인으로부터 인정받고 있다고 느낄 때 자아존중감이 생기고 이것이 곧 행복으로 이어질 수 있다고 보는 관점이다.

(2) 행동주의적 관점

행동주의적인 관점에서는 칭찬이 인간 행동에 강력한 영향을 미친다고 본다. 즉, 인간의 어떠한 행위를 촉진하기 위해서는 보상과 같은 자극을 주어야 하는데 칭찬이 자극제가 될 수 있다고 보는 관점이다. 따라서 상대에게 권장할 어떤 행위를 촉진하기 위해서, 혹은 바람직한 행동을 반복적으로 일어나게 하기 위해서는 상대의 동기를 자극하는 보상의 기제로서 칭찬을 활용할 수 있다는 것이다.

이와 같은 맥락으로 마셜 B. 로젠버그(Marshall B. Rosenberg)는 『비폭력 대화(2017)』에서 칭찬을 폭력적 언어라고 주장한 바 있다. 그는 칭찬에는 칭찬하는 사람의 통제하려는 의도가 내포되어 있다고 하였다. 즉, 교사나 부모, 사회적 지위가 높은 사람들이 학생이나 자녀, 사회적 지위가 낮은 사람에게 하는 칭찬에는 이들을 통제하려는 의도가 포함되기 쉽다고 보는 것이다.

2010년 11월 방영된 EBS 〈다큐프라임〉 '학교란 무엇인가-칭찬의 역효과' 편에서는 미처 우리가 인지하지 못하고 있었던 칭찬의 역효과에 대해 다루었다. 이 프로그램은 실험을 통해 칭찬의 역효과를 과학적으로 증명하였는데, 그동안 칭찬의 긍정적 측면과 효과에 대한 맹목적 믿음을 갖고 있었던 우리에게 칭찬이 야기할 수 있는 부정적 측면을 깨닫도록 해주었다. 이 실험에서는 "잘한다.", "똑똑하다.", "대단하다."와 같은 칭찬의 말을 들은 아이들은 칭찬에 대한 부담감으로 본인의 능력 발휘를 제대로 하지 못했고, 심지어 부모에게 실망감을 주지 않기 위해 부정행위조차 불사했다. 칭찬에 관한 연구를 많이 해 왔던 스탠퍼드 대학 심리학 교수 캐럴 드웩(Carol S. Dweck) 박사 역시 똑똑하다거나 천재라는 칭찬을 들으면 상대를 실망시키지 않아야 한다는 압박이 생기게 된다고 지적한 바 있다(Bronson & Merryman, 2009).

> 처음 칭찬은 충분히 기분을 좋게 하며,
> 그것을 하나의 혜택으로 받아들이게 하지만
> 그것의 횟수가 많아지면
> 하나의 빚으로 여기게 될 뿐 아니라
> 우리의 장점을 강요하는 것 이상의
> 아무것도 아닌 것이 된다.
>
> – 올리버 골드스미스(Oliver Goldsmith)

(3) 인지주의적 관점

인지주의적 관점에서는 칭찬으로 형성된 긍정적인 자아개념이 성과에 미치는 영향에 주목한다. 칭찬으로 형성된 긍정적 자아개념은 어떤 일이든 '해낼 수 있다.'는 자신감과 믿음을 갖게 하고 도전할 수 있는 용기를 주므로 칭찬을 많이 들은 사람들은 성공할 확률이 높아진다고 보는 관점이다. 긍정적 자아개념이 성과에 미치는 영향은 로버트 로젠탈(Robert Rosenthal) 교수의 연구로 설명할 수 있다. 하버드대 심리학과 로젠탈 교수는 샌프란시스코의 한 초등학교에서 20%의 학생들을 무작위로 뽑아 그 명단을 교사에게 주면서 지능지수가 높은 학생들이라고 말했다. 교수의 말을 들은 교사는 학생들에 대한 생각이 긍정적으로 바뀌었다. 교사는 그 학생들을 더 많이 칭찬하고 격려하며 긍정적인 태도로 대했다. 그 결과 명단에 오른 학생들이 다른 학생들보다 성적이 많이 향상되었다. 로젠탈 교수는 선생님의 시각은 학생들의 긍정적 자아개념 형성에 영향을 미쳤고, 학생들의 긍정적 자아개념과 선생님의 기대에 부응하기 위한 노력이 결국 성과로 이어지게 되었다고 하였다. 이 실험에서와 같이 자기실현적 예언이 실제 성과로 이어지게 되는 현상을 두고 '로젠탈 효과', '피그말리온 효과' 등으로 설명하기도 한다.

이처럼 칭찬은 자기실현적 예언의 기제로 작용하여 긍정적 자아개념을 형성하게 하고 이는 성과로 이어지게 된다는 것이 인지주의 학자들의 주장이다.

표 5-1 인지주의적 관점의 칭찬 효과

칭찬 효과	의미
로젠탈 효과	하버드대 심리학과 교수였던 로버트 로젠탈 교수가 발표한 것으로, 타인이 나를 존중하고 나에게 기대하는 것이 있으면 기대에 부응하는 쪽으로 변하려고 노력하여 상승 효과를 내게 된다는 이론
피그말리온 효과	조각가였던 피그말리온이 아름다운 여인상을 조각하고, 그 여인상을 진심으로 사랑하게 되자 여신(女神) 아프로디테가 그의 사랑에 감동하여 여인상에게 생명을 주었다는 고대 그리스 신화에서 유래

4) 칭찬의 분류

(1) 원인에 따른 분류

칭찬의 원인을 하위 차원으로 분류한다면 행위, 능력, 노력의 세 가지 요소로 나눌 수 있다. 특정한 행위에 근거한 칭찬은 행위자가 타인의 기대에 부합된 행동을 했거나 바람직한 행동을 했을 때 할 수 있으며, 능력에 근거한 칭찬은 사람이 가진 특정한 기술이나 재능을 칭찬할 때 할 수 있다. 또한 성과나 결과에 상관없이 그 사람이 어떠한 일을 완수하기 위해 투자한 노력이나 과정을 칭찬하는 것도 있을 수 있다.

(2) 방식에 따른 분류

칭찬은 다양한 방식으로 표현될 수 있다. 가장 흔하게 표현되는 칭찬 방식은 언어적 칭찬이다. 언어적 칭찬은 언어적 방식을 통해 칭찬의 원인이 될 수 있는 요소를 찾아 구체적으로 표현하는 것이다. 언어적 칭찬 외에도 칭찬은 비언어적인 방식으로도 표현될 수 있다. 비언어적 방식의 칭찬은 신체적 접촉, 행동이나 표정 등을 말한다. 신체적 접촉은 머리를 쓰다듬는다거나 등을 두드려준다거나 하는 것이고, 행동이나 표정은 박수를 쳐준다거나 엄지를 치켜세운다거나 미소를 짓는 등의 긍정적 신호를 보내는 것을 의미한다. 또한 물질적 보상행동으로 나타날 수 있는 것은 유형적 칭찬으로 분류할 수 있다. 유형적 칭찬은 선물, 상장 등으로 칭찬하는 것을 말한다.

(3) 제도에 따른 분류

칭찬은 제도적 칭찬과 비제도적 칭찬으로 나눌 수 있다. 제도적 칭찬은 기업과 같은 조직에서 종업원들의 성과나 태도, 노력 등을 보상해 주기 위한 제도를 마련하여 칭찬하는 것이다. 현재 기업에서는 종업원들의 성과 향상, 긍정적 사내 분위기 조성, 조직 화합 등을 위해 다양한 칭찬 제도를 마련하고 있다. 칭찬의 대상이 되는 종업원에게 인사고과로 인센티브를 주거나 휴가나 해외여행 등의 기회를 부여하는 것 등이 포함된다.

모 기업에서는 '칭찬 배송'이라는 프로그램을 실시하여 큰 성과를 거둔 바 있다. 이 프로그램은 사내 임직원의 칭찬 사연을 공모·선정하여 칭찬 스토리 주인공에 맞는 맞춤형 럭키박스를 배송하는 사내 이벤트다. 여기에 주인공에게 전하는 메시지를 포함해 칭찬 스토리가 반영된 콘텐츠를 제작해서 전달하고 사내방송을 통해 방영함으로써 임직원들의 공감과 재미를 더한 프로그램을 운영하였다. 이는 직원들 간의 칭찬의 장을 마련하여 상호 소통과 화합에 이바지하고자 하는 의미를 담고 있다. 앞서 언급한 기업의 사례와 같이 많은 기업과 조직에서 제도적 칭찬을 실시하는 이유는 칭찬이 갖는 효과가 크기 때문이다.

5) 효과적인 칭찬 방법

어떤 일의 결과에 대해 조건적 보상을 받은 아이들은 동기와 자발성에 부정적 영향을 받게 된다는 주장이 있다. 즉, 조건적 보상을 받은 아이들은 스스로 시작한 일이라 할지라도 그 일에 대한 흥미를 잃게 되고, 동기와 자발성이 감소한다는 것이다. 따라서 아이들의 동기를 부여하기 위해서는 조건적 보상보다는 내적 동기부여가 중요함을 학자들은 강조하고 있다.

『Drive(2011)』의 저자인 다니엘 핑크(Daniel H. Pink) 역시 과거의 동기부여 방식이 칭찬과 같은 조건적 보상이었다면, 자발성이 중요해지는 앞으로의 시대에는 스스로 참여하고 책임감과 의미를 느낄 수 있는 내적 동기를 북돋아 주는 것이 훨씬 효과적이라고 주장하였다.

그러나 칭찬의 역효과가 과학적으로 입증되었다 하더라도 칭찬이 가지고 있는 긍정적 영향력은 절대로 무시할 수 없다. 칭찬은 인간의 행복한 삶에 영향을 미치고 자아존중감을 높이며 행동을 변화시킬 수 있는 큰 힘이 있음은 분명하다. 따라서 칭찬이 잘못 사용되어 오히려 독이 되지 않도록 칭찬을 효과적으로 활용할 수 있는 방법에 대해 우리는 고민해야 한다.

교육 전문가들은 칭찬을 다음과 같은 방법으로 사용해야 함을 주장한다.

(1) 군더더기 없이 간결하게 한다

비록 칭찬일지라도 말이 많아지면 효과가 감소한다. 간결하고 진지하게 칭찬하는 것이 더 깊은 인상을 주며 기억에도 오래 남는다. 만약 부정적 표현이 덧붙여진 칭찬이라면 그 효과는 기대하기 어렵다. 예를 들어, 직장 상사가 부하 직원에게 "보고서 내용이 아주 좋아졌어. 처음엔 그렇게 형편없더니만…"이라고 칭찬을 했다고 하자. 이 말을 들은 신입 사원은 과연 칭찬이라고 생각할까? 칭찬은 상대에 대한 긍정적 의미 전달 외에 다른 의도가 포함되어서는 안 된다.

칭찬이 길어지는 것 역시 칭찬의 효과를 떨어뜨리므로 주의해야 한다. 대화 내용이 시종일관 상대에 대한 칭찬으로 채워지는 경우, 아첨으로 보일 수 있고 이득을 얻기 위한 목적으로 여겨질 수도 있기 때문이다. 따라서 칭찬을 사용할 때는 군더더기 없이 깔끔하고 간결하게 끝내는 것이 효과적이다.

(2) 상대에 따라 다르게, 구체적으로 한다

칭찬에도 개성과 칭찬하는 사람의 센스가 드러나야 한다. 보통은 "잘했어.", "훌륭해." 정도의 표현을 하지만 이 정도의 칭찬으로는 상대에게 깊은 인상과 감동을 주기 어려울 뿐 아니라 칭찬하는 사람의 센스가 돋보이게 할 수도 없다. 또한 사회생활을 하다 보면 겉치레로 인사말이나 칭찬을 하게 되는 경우도 있어 누구나 사용할 수 있는 평범한 칭찬의 말은 으레 하는 말로 비칠 수도 있다.

교사가 A학생의 그림을 보고 "잘 그렸네."라고 한 후, 그 옆자리에 앉은 B학생에게 "B도 잘했어."라고 칭찬했다고 가정해 보자. 만약 A의 그림이 B의 그림보다 훌륭했을 경우, B는 교사의 말을 진심 어린 칭찬으로 생각하지 않을 것이다. A만 칭찬해 주기 미안한 마음에 자신에게도 빈말로 칭찬했다고 생각하기 쉽다. A에게 "색감이 참 좋네."라고 칭찬을 했다면, B에게는 구도가 좋다거나 꼼꼼하게 색을 잘 칠했다거나 인물들의 표정이 생동감이 있다거나 하는 등의 차별화되고 구체적인 칭찬으로 표현하는 것이 좋다. 물론 칭찬을 하지 않는 사람에 비하면 일반적인 칭찬의 언어라도 사용하는 편이 좋겠지만, 상대의 칭찬 거리를 찾아 구체적으로 표현해준다면 그 효과는 매우 커지게 될 것이다.

구체적이고 차별화된 칭찬을 하기 위해서는 상대에 대한 관심과 관찰이 무엇보다 필요하다. 에리히 프롬은 누군가를 사랑하기 위해서는 상대에 대한 관심이 우선되어야 하고 그가 표현하지 않은 필요에 대해서도 반응할 준비가 되어 있어야 한다고 하였다. 에리히 프롬의 말처럼 상대에 대한 관심으로 상대가 미처 알지 못한 장점을 찾아 반응해주는 것, 그것이 바로 효과적인 칭찬이다. 또한, 상대나 상황에 따라 칭찬의 내용이나 표현 방식을 달리하여 구체적으로 표현하는 것이 좋은 칭찬이다.

> 합당하다고 생각되지 않는 칭찬은 받아도 기쁘지 않다.
> 오히려 그런 특질을 강요하는 것으로 생각되어
> 기분을 상하게 하는 수가 있다.
>
> – 데이비드 흄(David Hume)

(3) 과정과 노력을 칭찬한다

일반적으로 우리는 어떤 일이 마무리된 후 그 결과나 성과를 보고 칭찬을 한다. 결과나 성과에 대해서만 칭찬을 하면 칭찬을 들은 사람은 앞으로 더 잘해야 한다는 부담감을 갖게 된다. 앞서 칭찬의 역효과에 대해 설명한 바 있듯, 칭찬으로 인한 부담은 행위자의 자발적인 동기를 감소시키고, 좋은 성과를 내기 위해 수단과 방법을 가리지 않게 만들 우려가 있다. 또한, 좋은 결과나 뛰어난 성과를 냈을 경우에만 칭찬한다면 칭찬을 할 수 있는 상황이나 대상은 줄어들 수밖에 없다. 그러나 결과와 상관없이 과정을 칭찬한다면 노력한 누구에게나 칭찬을 사용할 수 있다. 따라서 "넌 천재야.", "정말 잘했어."와 같이 결과를 칭찬하기보다 "열심히 했구나.", "끝까지 포기하지 않아 대견해." 등과 같이 과정과 노력에 초점을 두어 칭찬하는 것이 더 좋은 방법이다.

(4) 작고 사소한 것을 칭찬한다

칭찬에 인색한 사람들에게 칭찬을 해 보라고 하면 칭찬할 거리가 없다거나 대체 무엇을 칭찬해야 할지 모르겠다고 하는 경우가 많다. 이들이 칭찬에 인색하게 된 이유는 상대의 사소한 장점을 무시하기 때문이다. 칭찬은 상을 받았을 때나 시험에서 우수한 성적을 내었을 때와 같이 크고 거창한 일을 해냈을 때만 하는 것으로 잘못 알고 있기에 칭찬할 거리가 보이지 않는 것이다. 칭찬을 위한 첫 단계는 상대의 사소한 장점에 주목하는 것이므로 일상에서 충분히 찾을 수 있다. 친구가 정한 식당에서 맛있는 음식을 먹었을 경우, "맛있는 식당을 고르는 너의 안목은 역시 탁월해.", "어쩜 이렇게 분위기 좋은 식당을 골랐어?" 등과 같이 작고 사소한 칭찬은 일상에서 무수히 많이 일어날 수 있다.

예상했던 상황에서의 칭찬보다 의외의 상황에서의 칭찬은 상대에게 전해지는 효과가 매우 크다. 따라서 작고 사소한 것에서 칭찬 거리를 찾을 줄 아는 긍정적인 시각이 필요하다. 일상에서 작고 사소한 상대방의 잠재적 장점을 발견하여 표현하는 칭찬은 하는 사람과 듣는 사람 모두에게 삶의 원동력이 된다.

(5) 공개적으로 혹은 제3자 앞에서 칭찬한다

당사자가 없는 자리에서 그 사람을 다른 사람에게 칭찬하는 것은 쉽지 않은 일이다. 자리에 없는 사람을 험담하는 사람은 많아도 칭찬으로 높여주는 사람을 찾아보기 어려운 것도 이 때문인 듯 싶다. 제3자 앞에서 상대를 칭찬하는 것은 칭찬의 대상자뿐 아니라 칭찬을 하는 자신에게도 긍정적 영향을 미친다.

만약 자신이 없는 자리에서 누군가 자신을 칭찬했다는 사실을 알게 된다면, 칭찬을 해준 사람에 대한 호감과 긍정적 마음이 생기게 되는 것은 당연한 이치이다. 자신을 칭찬한 사람에 대해 좋은 이미지를 갖게 됨은 물론, 이미 그 사람 편이 될 마음의 준비를 하게 될지도 모른다. 따라서 제3자에게 간접적으로 누군가를 칭찬하면 대화 상대자와 칭찬 대상자 모두에게 자신의 이미지를 좋게 각인시킬 수 있다. 한 번의 칭찬으로 두 배의 효과를 얻을 수 있는 지혜로운 방법인 것이다. 누군가에게 선물을 받으면 답례하고 싶어지는 것이 인지상정이듯 누군가를 향한 칭찬은 다시 자신에게 보답으로 가능성이 크다. 따라서 당사자가 없는 자리에서 하는 칭찬은 상대와 자신 모두에게 좋은 선물이 될 수 있다.

누군가의 험담을 늘어놓는 사람보다 칭찬하는 사람의 이미지가 좋아 보임은 말할 것도 없다. 내가 누군가를 험담할 때 상대가 맞장구를 칠지 몰라도 나의 이미지가 깎이고 있다는 사실을 꼭 기억해야 한다.

> 면전에서 칭찬하지 말라.
> 그것은 동전을 주고
> 꼭 같은 동전을 요구하는 것과 같다.
>
> – 토마스 풀러(Thomas Fuller)

3. 격려

1) 격려의 의미

격려는 영어로 'encouragement'로 '~을 하게 하다'의 뜻을 가진 'en'과 '용기'를 뜻하는 'couragement'의 합성어이다. 한자로는 '격할 격(激)', '힘쓸 려(勵)'라 하여, '어떤 일을 매우 장려(奬勵)한다'는 의미이다. 즉, 격려는 상대에게 용기나 의욕이 생기도록 북돋워 주는 것을 말한다.

케네스 베네와 폴 쉬트(1948)는 '격려란 다른 사람의 마음과 일을 이해해주며 친절하고 따뜻한 말로 의견을 존중하고 칭찬해주는 것'이라고 하였다. 격려는 아들러에 의해 소개된 이래로 많은 학자들에 의해 연구되어 왔고 교육, 상담, 심리 등의 분야에서 중요한 개념으로 적용되고 있다. 아들러의 제자이자 아들러 이론을 부모-자녀 관계에 적용시킨 드라이커스(Dreikurs)는 민주적 부모교육 이론의 창시자로, 부모가 자녀 스스로 목표를 달성할 수 있도록 영향을 주는 것이 중요하며, 이때 격려가 효과적으로 활용될 수 있다고 하였다(Dreikurs & Soltz, 2012). 그가 주장하는 격려는 상대방의 감정, 행동을 수용해주고, 노력과 진보를 인정해주며, 상대가 믿음과 자신감을 가질 수 있도록 지속적으로 신뢰와 용기를 주는 것이다. 즉, 격려라는 것은 상대방이 스스로 문제를 해결하고 어려움을 이겨내어 도전하고 성취할 수 있도록 자극하고 도와주는 것이다.

2) 격려의 영향력

인간은 누구나 살면서 어려움을 겪는다. 어려움을 극복하는 방법은 사람마다 다르지만 주변 사람들의 격려는 삶 속의 문제해결과 스트레스나 우울증 극복에 큰 도움을 준다. 주변 사람들의 격려로 인간은 역경을 딛고 살아 나갈 힘을 얻게 되는 것이다.

격려는 만족, 즐거움, 도전 등의 긍정적 감정과 관련이 있다. 상대의 긍정적 감정에 관심을 갖고 그 감정을 있는 그대로 반영하고 인정해주는 것이 격려의 방법이다. 또한 긍정적 감정뿐 아니라 상대의 실수나 비합리적 사고 등을 인정하고 수용하는 것을 포함한다. 격려는 실수나 비합리적 사고를 비난하거나 탓하지 않는다는 점에서 부정적인 일에서도 사용이 가능하다. 격려는 비평가적 특성을 가졌으므로 결과보다는 과정, 노력, 향상에 초점을 맞춘다. 격려는 듣는 사람에게 내적 동기를 부여하고 자신감을 갖게 하며 패배감을 주지 않는다.

이처럼 격려가 가지고 있는 긍정적인 영향력은 매우 크다. 최근 격려가 인간의 올바른 인성 형성에 긍정적 영향을 줄 수 있다는 연구들이 등장함에 따라 그 관심이 더욱 커지고 있다. 또한 격려는 지도자들이 갖추어야 할 필수적인 자질로 여겨져 교육 현장에서도 주목받고 있다.

> 격려는 영혼에 주는 산소와 같다.
> 격려받지 못하는 사람에겐
> 훌륭한 일을 해내리라고 기대할 수 없다.
>
> – 조지 매튜 애덤스(George Mathew Adams)

3) 격려와 칭찬 사용 시 유의점

격려와 칭찬은 적절히 잘 사용했을 경우, 그 효과가 크다는 점에서 매우 긍정적이나 그만큼 주의가 필요하다. 상황에 맞게 칭찬과 격려를 분별하여 사용해야하고, 상대방 혹은 주변 사람들에게 미치는 영향력까지도 고려해야 한다.

(1) 상황을 고려하기

일반적으로 '칭찬'은 무언가를 잘했을 때 주어지는 행위이다. 그러나 '격려'는 평상시에 혹은 실수나 실패의 상황 속에서도 상대에게 용기를 북돋워주기 위해 사용할 수 있다. 칭찬은 좋은 결과를 성취하였을 때와 과정이 긍정적일 때 이루어지므로 사용될 수 있는 상황이 매우 제한적이다. 반면, 격려는 결과나 과정이 긍정적이건 부정적이건 어느 때나 사용될 수 있다. 즉, 칭찬은 긍정적 성과, 열심히 노력한 과정에 대한 보상의 의미가 강하고 격려는 성과나 결과와 상관없이 도전하고 노력할 수 있도록 힘을 북돋워 주는 의미를 가지고 있다.

누구나 살아가다 보면 실패를 하기도 하고, 성공을 하기도 한다. 실패를 딛고 일어서는 데에도, 성공의 기쁨을 나누고 더 큰 목표를 향해 나아가는 데에도 타인의 격려나 칭찬이 꼭 필요하다. 인간은 타인으로부터 에너지를 얻어야 더 크게 성장할 수 있는 존재이기 때문이다. 따라서 상황에 따라 격려와 칭찬을 적절히 사용한다면 그 성과는 매우 클 것이다.

(2) 빈도 고려하기

칭찬과 격려가 주는 효과는 부인할 수 없다. 그러나 칭찬이 너무 빈번하거나 과할 경우 칭찬받는 당사자는 자만심과 우월감에 빠질 수 있고 칭찬에 적응이 되기 쉽다. 칭찬받지 못한 일에 대해서는 쉽게 낙담하고, 평가에 민감하여 상대방의 눈치를 보거나 타인의 의견에 쉽게 동조하는 성향이 될 수도 있다. 또한, 상대의 마음이나 상황을 파악하지 못한 채, 일방적인 격려를 지속적으로 사용하는 것 역시 좋지 않다. 예를 들면, 학업에 몰입할 수 있는 환경이 아닌 학생에게 '노력하면 할 수 있어.' 또는 '조금 더 힘을 내보자!' 하는 식의 일방적인 격려를 하는 것이다. 격려를 할 때에는 특히 상대의 상황, 실패나 낙담의 원인을 고려해야 한다. 자신의 입장에서 바라본 일방적인 격려를 반복하는 것은 오히려 상대를 힘들게 할 수도 있기 때문이다.

(3) 주변인을 고려하기

칭찬과 격려는 모두 주변 사람들에게 영향을 미친다. 우선 칭찬이나 격려를 받으면 주관적 안녕감이 높아질 수 있고, 긍정적인 시각과 도전정신이 생겨 사건, 상황을 보는 시각, 태도 등이 달라진다. 이러한 긍정적 변화는 주변 사람들에게까지 좋은 영향을 미칠 수 있다.

반면, 이것이 잘못 사용되었을 경우 주변 사람들을 낙담하게 하고 상대적인 열등감에 사로잡히게 할 수도 있다. A는 늘 칭찬을 받는데 자신은 칭찬을 받지 못한다거나, B는 실수를 해도 격려를 받는데 자신은 질책을 받는 경우이다. 이러한 경우에는 칭찬이나 격려를 받는 당사자에 비해 자신이 무능한 사람이라고 생각하기 쉽고, 열등감으로 인해 일의 성과를 낼 수 없게 된다. 따라서 칭찬과 격려를 사용할 때에는 받는 당사자만을 생각할 것이 아니라 주변 사람들이 상대적으로 받게 되는 부정적 영향이 없는지에 대해 고민하는 배려가 필요하다.

(4) 격려의 중요성

격려는 받는 대상의 행위와 노력이 목표를 향해 지속적으로 나아갈 수 있도록 돕는다. 또한, 목표 달성 과정에서 자신의 현재 위치와 수준을 파악하는 데 도움을 줄 뿐 아니라, 실수가 있을 경우 스스로 수정할 수 있도록 기회를 제공한다.

격려는 노력의 의미와 가치를 인식하고 긍정적인 자아가 형성되도록 하며 자아존중감, 자신감, 목적의식과 같은 내재적 특질을 향상시킬 수 있도록 돕는다. 따라서 리더가 과정 중심의 격려를 할 경우, 집단 구성원의 협력과 성과를 이끌어 내는 데 유리하게 된다. 리더의 격려로 인해 구성원들은 다양성을 존중받게 되고, 이는 곧 구성원들이 각자의 일에 몰입하고 최선을 다하는 결과로 이어져 협력과 성과에 긍정적 영향을 미치게 되는 것이다. 따라서 격려는 리더와 구성원, 조직 모두에게 유익한 언어라 할 수 있다.

Activity 1

자신에 대한 칭찬 일기를 일주일간 적어 보세요. 시간이나 내용에는 제약이 없습니다. 자신에게 하는 칭찬이므로 타인을 의식하지 말고 편안한 말투로 적어 보세요. 단, '잘했어, 훌륭해, 멋져, 대단해, 좋았어, 대견해' 등과 같은 칭찬 언어를 넣어 적으면 됩니다. 만약 부정적인 일이었다면 격려 일기를 써도 좋습니다.

일차	날짜	칭찬 일기
1		
2		
3		
4		

일차	날짜	칭찬 일기
5		
6		
7		
칭찬 일기를 쓰고 난 후 느낀 점		

Activity 2

배운 내용대로 주변 사람들(가족, 친구, 동료 등)에게 칭찬이나 격려를 실천해 보세요.

<table>
<tr><th>대상</th><th>상황</th><th>칭찬 또는 격려의 말</th><th>상대의 반응</th></tr>
<tr><td></td><td></td><td></td><td></td></tr>
<tr><td></td><td></td><td></td><td></td></tr>
<tr><td></td><td></td><td></td><td></td></tr>
<tr><td>칭찬, 격려 후
느낀 점</td><td colspan="3"></td></tr>
</table>

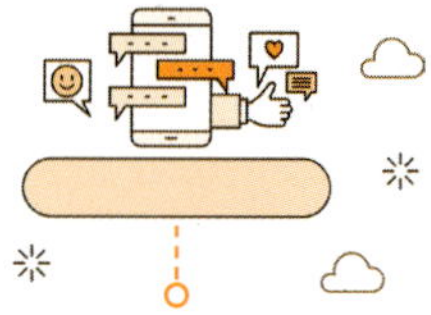

CHAPTER

06 공존

1. 공존의 의미와 가치

혐오로 인한 피해와 상처가 얼마나 큰지를 우리는 인류 역사 속에서 많이 보아 왔다. 2차 세계대전 당시 유대인 학살, 미국의 흑인 폭동, 이슬람과 기독교 간 종교 분쟁 등 혐오로 인한 의견 대립은 수많은 희생자를 불러왔을 만큼 인류에게 가져다준 피해가 컸다. 역사를 통해 혐오로 인한 피해를 경험한 인류는 공존이라는 가치의 중요성을 자연스럽게 학습하게 되었다. 서로 대립하고 부딪치며 사는 것보다 공존하며 사는 것이 훨씬 유리하다는 사실을 역사적 경험을 통해 깨닫게 된 것이다. 유엔에서 선포한 세계인권선언 역시 공존 가치를 포함하고 있다. 인간다운 삶을 보장하고 정의로운 사회를 만들기 위해 선포된 국제적 규범에서도 공존의 중요성을 강조한 것이다. 인류가 당면한 과제이자 목표인 지속가능한 발전을 위해서도 공존의 가치는 필수적이다.

그러나 세계화, 다문화의 흐름 속에서 살아가고 있는 우리에게 혐오의 문제는 아직도 해결하지 못한 과제이다. '흑인의 생명은 소중하다(Black Lives Matter)'라는 피켓을 들고 인종차별에 저항했던 사례, 코로나 팬데믹 상황에서 혐오 범죄로 피해를 입은 아시아인들의 사례 등은 공존의 가치를 실현하지 못하는 우리의 모습을 여실히 보여주고 있다. 이처럼 종교적 혐오, 난민에 대한 혐오, 인종에 대한 혐오, 여성에 대한 혐오, 성 소수자에 대한 혐오, 장애인에 대한 혐오 등 지구촌 곳곳에 우리가 해결해야 할 혐오의 문제가 아직도 많이 존재한다.

공존이란 두 가지 이상의 사물이나 현상이 함께 존재하는 것 또는 서로 도와서 함께 존재하는 것을 뜻한다(국립국어원 홈페이지). 인간이 존재하기 위해서는 서로 도와야 함에도 불구하고 공존의 가치는 과거 농경사회와 비교하면 많이 약해지고 있는 것이 사실이다. 과거에는 공존의 가치가 생존을 위해 필수적이었다면 정보화, 산업화 시대를 거치면서 공존의 가치는 많이 약화되었고 개인주의가 만연하고 있다.

그러나 아무리 사회가 발전하고 급변한다 하더라도 공존은 인간이 평화적으로 상생하는 삶을 살아가는 데 필수적이다. 공동체 구성원들 간 관계를 원만하게 유지하며 살아갈 수 있는 능력을 공존능력이라고 할 수 있는데, 공존능력이 높은 공동체일수록 구성원들이 행복하고 성과를 내는 데도 유리하다. 공존능력은 구성원들로 하여금 서로 협력하고 배려하게 하기 때문에 공동체가 발전하게 되고, 구성원들은 공동체의 안전망 내에서 더 큰 성과를 낼 수 있는 것이다.

SHARED VALUE 2. 다문화와의 공존

세계화로 문화적 접촉이 많아지고 국가 간 무역이 보편화되면서 다양한 문화를 가진 사람들이 모여 사는 다문화사회가 이루어졌다. 우리는 서로 다른 언어, 종교, 문화를 가진 사람들과 만나는 일이 낯설지 않은 시대를 살고 있다.

이러한 사회적 환경 속에서 문화 간 소통하고 공존할 수 있는 능력을 갖추는 것은 매우 중요하다. 배타적 민족주의, 왜곡된 우월의식, 편견 등은 소수자의 적응을 방해하여 공동체를 분열시킬 뿐 아니라 공동체의 발전에 걸림돌이 된다. 따라서 다름을 배려와 존중으로 대하고 개방된 자세로 타 문화를 받아들일 수 있는 소양을 키워야 한다. 이러한 태도가 우리 사회에 남아 있는 우월주의와 편견, 배타주의를 해결하고 공동체의 통합과 발전에 도움을 줄 수 있다.

또한 우리나라가 서구 문화와 동양 문화를 적절히 조화시킨 한류 문화로 전 세계에 명성을 날리고 있듯이 이질적 문화 요소와의 조화는 문화의 다양성과 창의성을 촉진하는 긍정적 결과를 낳는다. 따라서 우리나라에 유입된 여러 나라의 문화적 요소를 우리 문화와 잘 조화시킨다면, 한국의 문화 역량은 더욱더 강화될 것이다.

다문화 사회를 지혜롭게 살아가는 데 필요한 역량은 다문화 감수성이다. 다문화 감수성이란 문화 사이에 존재하는 차이를 있는 그대로 받아들이고 인정할 줄 아는 능력, 다양한 방법으로 사물을 인식하고 평가하며 행동할 줄 아는 능력을 말한다. 다문화 감수성은 태어날 때 자연스럽게 타고나는 것이 아니며 교육과 훈련에 의해서 발달되기도 하고 퇴보되기도 하는 유동적인 능력이다. 즉, 다문화 감수성은 정적인 개념이 아니라 다문화적 개념과 교육에 의해 역동적으로 변화하는 개념이다.

첸과 스타로스타(Chen & Starosta, 2000)는 세계 시민이 갖추어야 할 필수적 역량인 다문화 감수성의 구성 요소를 자아 존중감, 자기 조정력, 개방성, 공감, 상호작용 참여, 판단 보류 여섯 가지로 제시하였다.

① 자아 존중감: 문화 간 의사소통에 대한 자신감이자 긍정적 자세로, 타인을 존중하고 자신도 존중받을 수 있다는 믿음을 갖는 것이다.
② 자기 조정력: 타협, 감정적 호소, 자제 등 타 문화권 사람들과 상황에 맞게 상호작용하고 행동할 수 있는 능력이다.
③ 개방성: 다른 문화를 수용하고 인정하고자 하는 태도이다.
④ 공감: 상대방의 입장에서 생각할 줄 아는 능력이다.
⑤ 상호작용 참여: 특정 문화의 맥락과 상황, 주제를 인지하는 것이다.
⑥ 판단 보류: 상대방에 대한 판단을 최대한 보류하고 이해하려는 능력이다.

다문화 감수성을 키우는 것은 세계 시민으로서 그 책임을 다하는 것이다. 즉, 지구상에 존재하는 모든 사람의 인권을 존중하고, 그들이 살아온 문화적 다양성을 수용하고 인정하는 것은 세계 시민에게 꼭 필요한 자세이다.

베네(Bennett, 2009)는 다문화 감수성 발달 단계(DMIS: Developmental Model of Intercultural Sensitivity)가 인지적·정의적·행동적 측면에서 볼 때, 6단계로 변화된다고 주장하였다.

① 부정의 단계: 자신의 문화만을 진정한 문화로 생각하고 문화의 차이를 인정하지 않으며 타 문화에 대한 관심이 없다.

② 방어의 단계: 타 문화와의 문화적 차이를 인식하지만 자신이 속한 문화를 기본으로 타 문화에 대해 부정적인 평가를 한다. 타 문화와의 차이가 심할수록 부정적 평가도 심한 경향을 보인다.

③ 최소화의 단계: 다양한 문화적 차이를 받아들이지만 문화의 유사성에 보다 초점을 맞추는 자문화 중심적인 입장을 유지한다.

④ 수용의 단계: 문화적 차이를 인정하기 시작하는 단계로, 타 문화에 대한 이해와 해석의 능력이 갖춰지기 시작한다.

⑤ 적응 단계: 문화 간 의사소통능력을 발달시키는 단계로, 효과적인 공감과 감정이입을 통해 타 문화를 이해하려고 노력한다. 자신의 문화뿐만 아니라 타 문화의 입장에서 사건을 바라보려 한다.

⑥ 통합 단계: 개인이 다문화적 관점을 내면화하는 단계로, 범경계적인 관점에서 문화 사이의 관계를 조명하고자 한다.

이와 같은 다문화 감수성은 문화적 차이를 이해하고 인정하며 내면화하는 능력으로, 정적 단계가 아닌 계속적으로 발전해 가는 특성이 있다. 따라서 다문화 감수성을 인지적·정의적·행동적 측면에서 발달시키기 위해서는 교육과 훈련이 필수적이다.

> 관용은 굴욕적이다.
> 그 이유는 이것은 수직적이고
> 위에 있는 사람이 아래에 있는 사람에게 베푸는 것이기 때문이다.
> 결속은 수평적이고 상호 존중의 의미가 있다.
>
> – 에두아르도 갈레아노(Eduardo Galeano)

3. 환경과의 공존

인간은 지구라는 큰 공동체 안에서 다양한 생명체들과 함께 살아가고 있기에 환경, 생명체와의 공존은 매우 중요하다.

그동안 외연적인 경제 성장과 물질적 가치를 우선시하여 살아온 결과, 인류는 자원과 에너지 고갈, 환경오염 문제라는 큰 재앙을 맞이하게 되었다. 20세기 중반 이후 인류의 무분별한 자연 개발과 자원 이용의 급격한 증가는 자연 자원, 물, 식량 등의 부족과 환경오염의 위험도를 급격하게 상승시키는 결과를 초래하였다. 그리하여 인류는 이상 기온현상 및 기후변화, 생물종 감소, 미세먼지, 황사 등과 같은 문제로 많은 피해를 보고 있다.

자연을 지배의 대상으로 여기는 잘못된 자연관으로 앞으로도 살아간다면 우리 삶의 터전인 지구는 더 이상 회복할 수 없는 생태적 위기에 직면하게 될 것이다. 따라서 인간과 자연이 공존할 수 있는 지속가능한 발전에 관심을 가지고 자연과 조화를 이루려는 삶의 태도로 전환해야만 한다.

2006년 유엔이 발간한 「새천년생태계평가 보고서(*Millennium Assessment*)」에 따르면 현재의 생물종 멸종 속도는 과거 인간의 간섭이 미미했던 시기에 비해 약 100~1,000배 정도 빨라진 것으로 추정되고 있다. 이에 국제 사회는 생물다양성 보전의 중요성을 인식하여 1992년 리우 유엔 환경개발회의에서 생물다양성협약(CBD: Convention on Biological Diversity)을 채택하였다. 생물 다양성 협약은 생물의 다양성을 보전하고 생물 자원을 지속가능한 방법으로 이용하며, 생물 자원을 통해 얻어지는 이익을 공정하게 분배하기 위해 마련된 것으로 158개국 대표의 동의하에 만들어졌다. 국제 사회의 이 같은 노력은 세계 시민의 참여 없이는 성과를 내기 어려우므로 생태적 훼손을 줄이기 위한 범세계적인 관심과 협조가 필요하다.

누구나 지구촌 공동체의 구성원이므로 자연환경에 대한 올바른 신념과 가치를 가지고 지속가능한 생태계의 안녕을 위한 활동에 적극 동참해야 한다. 또한 인류 역사 속에서 오랜 기간 누적되어 온 환경 문제는 단기간에 해결할 수 있는 문제가 아니므로 우리 세대뿐 아니라 후손에게까지 이루어질 수 있는 장기적이고 체계적인 교육적 접근이 필요하다.

4. 공존을 위한 책임

공존(共存)은 서로 도와 함께 존재함을 의미한다. 인간은 혼자 살아갈 수 없기 때문에 서로 협력하며 사는 공존의 길을 선택하였다. 그 결과로 도시가 생겼고 국가가 존재하게 되었다. 인류가 행복을 위해 선택한 공존의 삶에 적응하기 위해서는 개인 스스로의 노력이 필요하다. 이는 세계 시민으로서 해야 할 역할이 무엇인지 자각하고 맡은 바 책임을 다하는 것이다.

인간이 각자의 책임을 다하지 못했을 때 야기되는 문제는 작게는 개인, 크게는 국가, 세계에 이르기까지 많은 영향을 미친다. 자신이 맡은 역할을 소홀히 하면 개인의 성공은 멀어지고 가정과 조직은 혼란스럽게 된다. 또한 이러한 개인과 조직들이 많아지면 결국 국가는 쇠퇴한다. 이처럼 구성원들이 각자의 책임을 다하지 못하면 개인, 사회, 국가, 세계가 혼란에 빠져 지속가능할 수 없는 상태가 된다. 따라서 인간이 공존하며 행복하게 살기 위해서는 각자의 책임을 다해야 한다. 즉, 책임감은 공동체 구성원이 갖추어야 할 자질이자 역량이다.

환경과의 공존을 위해서도 구성원들의 책임은 매우 중요하다. 자연환경을 보호하고 지구상에 존재하는 생명체들과 공존하기 위해 우리가 해야 할 일은 무수히 많다. 무분별한 자연 개발을 멈추는 일, 물이나 전기 등의 자원을 아끼는 일, 일회용품이나 쓰레기 등을 줄이는 일 등은 우리가 삶 속에서 책임감을 가지고 실천해야 할 일들이다.

2016년 통계청 발표에 따르면 국가별 1인당 연간 플라스틱 소비량은 일본(66.9㎏), 프랑스(73㎏), 미국(97.7㎏)을 제치고 한국이 1위(98.2㎏)를 하였다. 연간 비닐봉지 사용량도 2015년 기준 1인당 420개로, 하루 평균 1.15개꼴이다(조선일보, 2018. 05. 08.). 이와 같은 통계자료는 우리가 대한민국의 국민으로서, 세계 시민으로서 환경과의 공존을 위해 노력해야 할 일이 얼마나 많은지를 보여준다. 우리는 환경과의 공존을 위해 책임의식을 가지고 일회용품과 플라스틱 사용량을 줄이는 일에 적극적으로 동참해야만 한다.

일회용품과 플라스틱 사용이 초래하는 문제들은 매우 심각하다. 일회용품을 사용하는 중에 발생하는 환경호르몬은 각종 질환의 원인이 되고, 이는 의료비 증가로 이어지게 되어 개인뿐 아니라 국가적 측면의 재정적 부담이 된다. 일회용품을 쓰는 시간은 짧지만 분해되기까지 걸리는 시간은 매우 길어 오염된 환경을 회복하는 데는 엄청난 시간이 걸린다. 쓰레기를 처리하는 데 드는 비용 또한 문제이다. 쓰레기를 처리하기 위한 장소와 인적 자원, 경제적 비용 등은 국가 재정에 매우 큰 부담이 된다. 그뿐만 아니라 처리하는 과정에서 유해물질들이 발생하고, 이는 대기 및 토양 문제로 이어진다. 바다로 흘러간 쓰레기들은 각종 유해화학 물질들을 만들어 생태계에 악영향을 미친다. 유해물질은 우선 해양 생물체들의 생태계를 교란시키고, 결국 먹이사슬의 최고층에 있는 인간에게도 큰 피해를 준다.

따라서 일회용품 사용 문제를 해결하기 위해 국가적 차원에서 일회용품 생산을 법적으로 억제하는 것, 기업 차원에서 일회용품 사용을 줄이는 양적 감량화 제도를 시행하는 것, 기술적인 방법으로 친환경 대체품을 개발하는 것 등이 필요하다. 또한 일회용품 사용에 대한 소비자 의식이 편리성 위주로 고착되지 않도록 소비자 의식 및 행동에 대한 국가적 차원의 교육도 절실하다.

환경을 보전하고 아끼는 노력은 지구의 주인인 많은 생명체, 우리가 물려주어야 할 미래 세대에 대한 책임이다.

Activity 1

조지 플로이드 사망 사건을 통해 인종 차별 문제에 대해 생각해 봅시다.

조지 플로이드 사망 사건

플로이드가 방문한 식당의 직원이 그가 지불한 20달러를 위조지폐로 의심해 경찰에 신고하였고 경찰이 출동하였다. 경찰은 성명을 통해 위조지폐 사용 용의자인 플로이드가 자신의 승용차에서 내리라는 경찰의 요구에 따랐지만 신체적인 저항 이후 수갑을 차게 됐다고 밝혔다. 하지만 근처 CCTV에는 경찰을 처음 마주한 순간부터 제압당할 때까지 물리적인 저항이 없는 모습이 찍혔다. 행인들이 찍은 영상에는 플로이드 본인이 "숨을 쉴 수가 없다.", "살려달라."고 반복적으로 말했고 행인들이 경관에게 플로이드가 숨을 쉬게 해 달라고 요구했지만 의식을 잃은 후에도 무릎으로 플로이드의 목을 짓눌러 호흡을 방해하는 비인간적인 장면이 담겼고, 이 영상은 인터넷에서 빠르게 퍼져 방송에도 수차례 노출되었다.

출처 위키피디아(ko.wikipedia.org)

조지 플로이드의 영상을 본 미국인들의 분노는 높아졌고, "흑인의 목숨도 소중하다(Black lives matter)."는 피켓을 든 시위는 전국적으로 이어졌다.

위에 나타난 조지 플로이드 사건을 통해 흑인들이 겪어온 인종 차별에 대해 생각해 봅시다. 또한 여행 등에서 자신이 경험했던 인종 차별 사례가 있었다면 이야기 나누어 봅시다.

흑인들이 인종 차별로 겪는 어려움	
자신이 겪었던 인종 차별 사례	

Activity 2

식량 및 물 부족, 자연 재해 증가로 인해 오는 2050년까지 10억 명이 넘는 사람들이 난민이 될 것으로 전문가들은 예측합니다. 물 부족으로 오는 어려움에 대해 생각해 보고 자신이 실천할 수 있는 물 절약 방법에 대해 이야기 나누어 보세요.

물이 없으면 겪게 될 어려움	
자신의 물 사용 습관 점검 (샤워, 양치 등 사용 습관 점검)	
물 절약 실천 계획	

Activity 3

일회용품으로 인한 환경 오염은 매우 심각한 수준입니다. 열대우림이 줄어들고 빙하가 녹고 생태계의 동식물들이 사라지고 있습니다. 자신이 사용하는 일회용품이 어떤 것이 있는지 생각해 보고 일회용품을 줄이는 방안에 대해 생각해 보세요.

자신이 사용하고 있는 일회용품의 종류	
공공장소(마트, 식당) 등에서 찾아볼 수 있는 일회용품의 종류	

품목별 대체 방안

번호	품목	대체 방안
1		
2		
3		
4		
5		
6		
7		
8		
9		
10		

CHAPTER

07

책임

1. 책임의 개념과 성격

책임(責任)은 우리 일상에서 자주 사용되는 개념 중 하나이지만 책임에 대한 이론적인 관심은 그리 오래 되지 않은 일이다. 그러나 복잡해진 사회구조로 인해 책임의 경계가 모호해지고, 무책임으로 인한 피해가 커짐에 따라 책임에 대한 현대인들의 관심은 점점 더 증가하고 있다. 책임의 '책(責)'은 직책 등에서 사용되는 바와 같이 직무에 주어지는 일, 행위자가 행한 결과에 대해 짊어져야 하는 임무 등의 의미가 있다. 영어로는 'responsibility'인데, '반응할 수 있는 능력' 혹은 '빚'을 뜻하는 라틴어인 'respondeo'에서 유래하였다. 즉, 책임은 자신이 맡은 직무를 담당해야 할 의무이며 자신의 행위에 대해 반응할 수 있는 능력이다. 책임은 법, 경제, 정치, 사회적으로 개인이 마땅히 해야 할 의무뿐 아니라 자신이 기꺼이 할 수 있는 마음가짐을 포함한다.

책임은 개인의 자의적인 행동으로 인해 발생하게 되는 부산물이다. 즉, 책임이 발생한다는 것은 개인이 자유라는 권리를 누리고 있다는 의미이다. 인간에게는 자유를 누릴 권리가 있고 그 자유로 인한 부산물이 의무인 것이다. 따라서 책임은 개인과 공동체가 해야 할 의무를 부여하는, 미래 지향적인 개념이다.

> 책임과 권위는 동전의 양면과 같다.
> 권위가 없는 책임이란 있을 수 없으며
> 책임이 따르지 않는 권위도 있을 수 없다.
>
> – 막스 베버(Max Weber)

2. 책임지는 인간

책임은 인간만이 가지고 있는 유일한 특성이다. 인간은 동물과 달리 스스로 결단하고 책임질 수 있는 존재이기 때문이다. 인간이 가진 도덕적 자아는 인간을 내면에 존재하는 양심에 따라 행동하게 한다. 책임을 진다는 것은 도덕적 자아에 의해 발현되는 인간이 가진 양심에 기인한 행동이다.

인간은 공동체의 일원으로 살아가면서 자신이 옳다고 생각하는 바를 실천하거나 자신의 욕구를 통제하기도 하고 때로는 희생을 감수하기도 한다. 자신이 하고 싶은 대로 행동하는 것이 공동체와 사회의 유지, 통합, 발전에 방해가 된다면 자신의 욕구를 통제하고 이익을 감수할 줄 아는 삶의 태도가 곧 사회인으로서의 책임감이다. 즉, 책임의 실천은 인간성을 최대한 발휘하는 것이자 공동체 구성원으로서의 의무를 다하는 것이다.

물론 모든 인간이 매사에 책임을 지는 자세로 행동하지는 못한다. 때로는 무책임한 행동으로 후회를 하기도 하고, 타인에게 피해를 주기도 하지만 인간만이 양심을 가지고 있고 도덕성의 책임을 지니고 있는 존재라는 점, 그것이 동물과 구별되는 인간다움을 나타낸다는 점은 부인할 수 없다. 아리스토텔레스도 인간이 가진 덕의 본질은 도덕적으로 탁월한 품성이자 행동이라고 하며, 책임을 다하는 사람이 인간이 가진 덕을 나타내는 것임을 강조하였다.

우리 조상들은 성인이 되었음을 알리고 축하하는 성년례에 어른으로서의 책임을 당부하는 축사를 중요한 순서로 포함시켰다. 성년례 축사를 통해 성인으로서 마땅히 감당해야 할 가족과 사회에 대한 책임을 가르치는 것이다. 즉, 성인이 된다는 것, 사회인으로 성장한다는 것은 그 책임의 무게가 커진다는 것을 의미한다.

책임은 인간이 사회의 구성원으로 올바르게 살아가는 데 마땅히 지녀야 할 덕목이다. 따라서 책임감 있는 사회 구성원, 조직의 일원으로 살아가기 위해서는 최소한의 법적인 책임 외에도 양심에 의한 도덕적 책임까지 져야 한다. 도덕적·실천적 관점에서의 책임은 개인이 양심에 따라 주체적으로 살아가는 데 필수적 요소이기 때문이다. 이처럼 공동체 구성원들 각자의 책임 완수는 곧 개인과 공동체 모두의 성장과 발전에 기여하므로 책임은 매우 중요한 가치이다. 2015년 개정된 도덕과 교육과정에서 인간이 사회 구성원으로 살아가는 데 필요한 4개의 핵심가치로 '책임'을 포함시킨 것에서도 그 중요성을 찾아볼 수 있다.

> 현재의 인생을 결정하는 것은
> 운명이나 과거의 트라우마가 아니라
> 본인의 사고방식과 결정 때문이다.
>
> – 알프레드 아들러(Alfred W. Adler)

SHARED VALUE

3. 책임의 종류

책임은 역할에 대한 책임, 도덕적 책임, 법률적 책임으로 나눌 수 있다.

1) 역할에 대한 책임

인간은 누구나 자신이 속한 공동체 내의 위치에 따라 부여받게 되는 책임이 있다. 가족 공동체 안에서 부모는 자녀 양육의 책임이 있고, 종교 집단, 친목모임 등의 커뮤니티에서는 구성원들이 맡은 임무가 있다. 또한 직장, 학교에서 담당해야 할 역할이 있다. 즉, 자신에게 주어진 직책이나 자신이 처한 위치, 상황에 따라 부여받게 되는 임무가 있는데, 이에 대해 명시적으로 책임을 져야 하는 경우를 말한다.

역할에 대한 책임은 양심이나 덕에 관한 영역이라기보다는 업무 수행과 관련한 영역이다. 역할에 대한 책임을 다하지 못했을 경우에는 업무에 차질이 생김은 물론, 타인과 조직, 공동체에 피해를 줄 수 있다. 역할에 대한 책임 완수가 미비할 경우 타인으로부터 비난이나 질책 등을 받게 된다. 또한 직장이라면 인사고과나 승진 등의 성과를 내는 데 부정적 영향을 미칠 수 있다. 혹은 집단의 성격과 책임 미완수의 정도에 따라 법적인 제재가 가해질 수도 있다.

2) 도덕적 책임

도덕적 책임이란 인간이 하는 행위 중 선과 덕의 영역에서 실천해야 하는 것을 말한다. 이는 직책과 임무에 따라 마땅히 해야 할 일이라기보다는 타인, 공동체의 안녕을 위해 양심에 따라 행동해야 할 책임이다.

도덕적 책임은 법률적 책임에서 요구되는 강제성, 역할에 대한 책임에서 요구되는 의무감과는 조금 다른 성격을 가진다. 도덕적 책임은 법률적 책임이나 역할에 대한 책임보다 자발적인 측면이 강하다. 환경 보호를 위해 일회용기를 쓰지 않는다거나 물 부족 국가의 어려움을 생각하여 물을 아낀다거나 기아 퇴치에 동참하기 위한 기부를 한다거나 하는 등의 행동 등이 도덕적 책임이라 할 수 있다.

도덕적 책임은 양심에 의한 자발적인 행동이다. 인간은 누구나 선하고 옳은 행동을 하고자 하는 본능을 가지고 있고, 이타적인 행동을 했을 때 뿌듯함과 보람을 느낀다. 반면, 양심에 어긋난 행동이나 도덕적으로 옳지 않다고 판단되는 행동을 했을 때는 불편한 감정이 든다. 이렇듯 도덕적 책임은 인간의 선한 행동 추구 본능, 자발적이고 능동적 행동 능력 때문에 실천 가능하다. 도덕적 책임의 결과는 법적인 제제가 아닌, 스스로 혹은 타인으로부터 받게 되는 비난, 죄책감, 칭찬, 격려 등으로 나타날 수 있다.

3) 법률적 책임

법률적 책임이란 타인에게 가한 손해에 대하여 법률에 따라 배상하거나 범죄로 인해 야기된 문제에 대해 형벌을 받는 것이다. 이는 사회질서를 위해 강제적으로 부여되는 책임으로, 사회 구성원으로서 당연히 지켜야 할 의무이다. 따라서 행위자의 고의나 과실 여부와 상관없이 법에서 정한 규정에 어긋난다면 법적 책임이 뒤따른다.

법률적 책임은 공동체 유지와 안녕에 반드시 필요하다. 범죄자에게 법률적 책임을 지도록 하는 것은 구성원들로 하여금 처벌에 대한 두려움을 갖게 함으로써 범죄를 행하지 않도록 억제하는 효과가 있다. 따라서 위법한 범죄행위에 대해 피의자에게 가해져야 하는 형벌, 즉 행위에 대한 책임을 지우는 것은 사회의 안전 유지를 위해, 범죄 예방의 관점에서 필수적이라고 할 수 있다.

SHARED VALUE

4. 현대사회와 책임 가치

현대사회에서 책임 가치가 특히 중요한 이유는 다음과 같다.

1) 복잡한 사회구조로 인한 이해관계 충돌

사회가 발전할수록 여러 공동체들의 이해관계가 복잡하기 마련이다. 현대사회는 복잡한 사회구조로 인해 행위의 인과관계가 얽혀 문제가 발생했을 경우, 그 원인과 책임을 규정하는 것이 점점 더 어려워지고 있다. 공동체들의 이익이 서로 상충될 경우, 조직 간 대결 양상이 심화될 수 있고 불법적인 방법으로 이익을 취할 우려도 커진다. 사회를 구성하고 있는 여러 조직이 자기 집단의 이익과 권리만을 주장한다면 그 사회는 혼란에 빠질 수밖에 없다. 결국 책임 가치의 상실은 공동체의 단합을 방해하고 발전을 저해하는 요인이 된다. 따라서 복잡합 사회구조로 인해 다양한 집단의 이해가 상충되는 상황에서 책임의 가치는 집단의 충돌을 막고 균형과 조화 속에서 공존하도록 돕는다.

2) 행위의 영역과 책임의 범위 확대

현대의 사회구조 속에서 행위의 영역 간 구분이 점차 사라지고 있다. 복잡하게 얽혀 있는 구조 속에서는 특정 행위를 특정 영역에 한정시키는 것이 어렵다. 또한 직접적이고 즉각적인 결과뿐 아니라 그로 인해 파생되는 부작용, 장기적인 결과까지 책임 영역에 포함되므로 현대사회의 책임 범위는 점점 더 확대되고 있다.

이처럼 복잡한 사회구조 속에서는 책임져야 할 사람이나 대상, 범위 등을 명확하게 규정하기가 어려우므로 문제가 발생한 후 그 결과에 대한 책임을 따지기보다 문제 발생 이전에 구성원 각자가 자신의 위치에서 맡은 바 책임을 다하는 것이 중요하다.

3) 인류에게 닥쳐올 위기

인간은 다양한 과학 기술의 발전을 이루어 냈고, 이로 인해 인간의 힘은 막강하게 증대되었다. 특히, 4차 산업혁명 시대에는 인공지능, 빅데이터 등의 디지털 기술로 초연결 기반의 지능화 혁명이 일어나 그동안 불가능해 보였던 인류의 다양한 꿈이 실현 가능하게 될 것이다. 그러나 인류가 개발한 핵무기의 위협, 생태계 파괴 등의 최첨단 과학기술이 문제를 가져온 것처럼 앞으로 인류에게 닥칠 위협은 상상할 수 없을 만큼 클 수도 있다.

인류가 야기한 이러한 위협들은 인간의 자만심과 오만함에 대해 돌아보게 하는 성찰의 계기가 되었다. 또한 인류가 개발한 과학 기술의 힘을 사용함에 있어 책임이 따라야 함을 깨닫게 하였다.

현재 인류는 코로나19(covid 19)의 팬데믹(pandemic) 문제, 환경오염 및 지구온난화 문제, 기아 문제 등 다양하고 새로운 책임 유형에 직면하고 있다. 이러한 문제들은 인류 모두가 동참하여 각자의 책임을 다할 때 해결할 수 있는 것들이다. 인류가 책임의 가치를 중시하고 각자에게 부여된 책임을 기꺼이 받아들일 때, 우리가 처해 있는 많은 위협 속에서도 안전하고 행복한 삶을 유지할 수 있다.

> 우리 자식들은 물론 후손들의 운명을 위해
> 우리는 부지런히 그 해답을 찾아야 한다.
> 우리 모두는 알 권리와 배울 의무가 있다.
>
> – 테오 콜본(Theo Colborn)의 『도둑 맞은 미래』 중에서

4) 공동체 유지의 관점

책임은 공동체 구성원으로서의 의무이자, 이해관계 유지에 필요한 요소라는 점에서 특히 중요하다. 공동체 내에서는 다양한 갈등 상황이 생기기 마련이다. 공동체에

서 발생하는 갈등을 최소화하고, 조정과 해결을 원만하게 하기 위해서는 구성원 각자의 책임 완수가 반드시 필요하다.

특히, 익명성의 사회에서는 무책임이 만연할 우려가 있어, 현 시대의 개인과 조직에게 책임 가치의 필연성은 더욱 증가하고 있다. 공동체의 행위는 구성원 개인의 개별적인 행위로 이루어진다. 그렇기에 구성원 각자의 책임 완수는 곧 공동체의 문제 해결과 유지, 통합에 기초가 된다.

5. 도덕적 책임의 실천

인간이 공동체 구성원으로서 더불어 살아가기 위해서는 최소한의 제한인 법률적 책임이 반드시 선행되어야 한다. 또한 구성원 개인과 조직의 성장·발전을 위해서는 역할적 책임도 뒤따라야 한다. 그러나 공동체 운영을 위한 강제적 성격을 띠고 있는 법률적 책임과 구성원으로서 마땅히 해야 할 의무인 역할적 책임만 지켜진다고 해서 그 공동체가 행복하고 따뜻해질 수는 없다. 인간은 도덕적인 존재이고 정과 사랑을 나누는 존재이기 때문이다. 따라서 인간이 공동체 구성원으로서 행복하고 보람된 삶을 누리기 위해서는 단순히 법을 잘 지키고, 역할에 주어진 책임을 다하는 것뿐만 아니라 인간의 자질이자 품성인 도덕적 책임을 완수하기 위해 노력해야 하는 것이다.

도덕적 책임은 실천적 덕의 개념에 주목하여 타인의 안녕에 대해 책임을 지는 것으로, 자신의 자유는 줄어들고 타인에 대한 의무는 증가하는 것이다. 즉, 도덕적 책임이란 일반적인 상황들 중에서 도덕과 관계된 상황임을 읽어 내어 그에 따른 책임이 수반되는 올바른 선택과 판단을 하는 것이다. 도덕적 책임은 자신 스스로 어떠한 일을 기꺼이 하고 싶어 하는 자발적이고 선한 욕망을 의미하므로 행동의 실천을 이끄는 데 중요한 역할을 한다. 왜냐하면 도덕적 행동을 실천하기 위해서는 자신 스스로의 의지와 결단이 특히 중요하기 때문이다. 자신의 내면에 도덕적 자아가 자리 잡고 있는 사람은 도덕적인 행동을 즉각적이고 일관되게 하게 된다. 이처럼 도덕적 책임은 바르고 선한, 이타적 행동을 실천하는 내면의 힘이자 도덕적으로 행동하도록 동기를 부여하는 촉진제이다.

> 자기 책임을 방기하려 하지 않으며,
> 또한 그것을 타인에게 전가시키려 하지도 않는 것은 고귀한 일이다.
>
> – 니체(Friedrich Wilhelm Nietzsche)

Activity 1

자신과 하고 싶은 약속이 무엇인지 생각해 보고, 실천 계획과 결과를 적어 보세요.

자신과 하고 싶은 약속(공부, 운동, 시간 관리 등)	
1	
2	
3	
4	
5	

실천 계획	
1	
2	
3	
4	
5	

실천 결과(일주일, 1개월, 수개월 후 작성)	
1	
2	
3	
4	
5	

실천 성과 및 반성

Activity 2

가족, 친구 등 주변 사람들과의 약속에 대해 생각해 보고 실천 계획을 적어 보세요.

대상	약속 내용	지키지 못한 이유

실천 계획

번호	방법	시기
1		
2		
3		
4		
5		

Activity 3

공동체 시민으로서 사회, 국가 생활에서의 책임을 다하고 있는지 생각해 봅시다.

책임의 종류	자신에 대한 평가	실천할 수 있는 일
준법정신		
교통질서		
공공장소에서의 규칙		
타인에 대한 배려		
공익 추구		
환경 보호		
우리 문화유산 애호		
바른 안보 자세		
해외 동포에 대한 관심과 이해		
국가 발전에의 협력		
세계 시민으로서의 교류		

CHAPTER

08

소통과 공감

1. 인간의 기본 욕구, 소통

우리나라는 세계에서 유례가 없는 빠른 속도의 경제발전을 이루었지만 가족 구성원 간 대화 시간이 부족하고, 공동체 구성원들 간 소통도 부족한 것이 사실이다. 특히 코로나 팬데믹으로 인해 소통은 더욱 어려워지고 있고, 그 결과로 개인의 외로움과 소외감은 점점 증가하고 있으며 공동체의 유대는 많이 약화되고 있다.

인간은 주도적으로 자신의 세계를 만들고, 스스로 결단하고 문제를 해결할 수 있는 능력과 욕구를 가진 존재이다. 그러나 인간에게는 또 다른 욕구가 있는데, 바로 자신이 가꾼 내부 세계를 타인에게 나타내고 인정받는 것과 선택이나 갈등 상황에서 타인의 조언이나 위로, 격려 등을 받는 것이다. 그렇기에 인간은 관계 속에 놓여 있어야 행복하고, 소통해야 더욱 성장할 수 있다.

김정기(2019)는 인간이 타인과 세상에 대해 알고 싶어 하는 인식욕구와 자신의 내부세계를 외부세계의 타인에게 알리고 싶어 하는 공시욕구를 가지고 있으며, 이러한 인식욕구와 공시욕구를 충족하는 가장 유용한 수단이 말이라는 커뮤니케이션 행위라고 하였다. 또한 커뮤니케이션 행위는 인간이 기본 욕구를 해소하고 인간 사회가 카오스(혼란)의 세계에서 코스모스(상호 이해)의 세계로 이행하도록 하는 데 핵심적인 역할을 한다고 하였다. 이처럼 인간의 커뮤니케이션 행위는 외로움 속에서 따뜻함을 느끼게 하고, 서로를 이해하고 협력하게 하는 수단이 된다. 그러나 커뮤니케이션이 이렇듯 중요하다 할지라도 그 방식이 잘못되었다면 갈등의 원인이 되어 인간관계에 부정적 영향을 미친다. 따라서 올바른 소통 방식을 익혀 효과적으로 활용해야 할 필요가 있다.

개인이 심리적으로 건강하려면 의사소통을 효율적으로 하는 방법부터 필수적으로 배워야 한다. 조직이 협력하고 발전하기 위해서도 구성원들의 의사소통은 매우 중요하다. 집단 구성원끼리 소통하지 않는 집단을 비효율적 집단이라고 하는데 이러한 집단에서는 문제를 쉽게 해결하지 못할 뿐 아니라 집단이 가지고 있는 문제가 무엇인지도 파악하지 못한다. 어느 집단이든 문제가 발생하기 마련이므로 합리적인 방법으로 문제를 해결하고 조직을 효율적으로 운영하기 위해서는 구성원들 간 원활한 소통이 반드시 필요하다.

통신의 발달로 인해 현대인들은 많은 사람들과 다양한 방법으로 소통하고 있다. 그러나 소통의 가치와 중요성을 간과한 채 너무 쉽고 가볍게 생각하는 경향이 있다. 그 결과 상대의 입장과 상황을 고려하지 않은 채 말을 함부로 내뱉거나 익명성의 공간에서 고통과 상처를 주기도 한다.

우리 인간은 소통 없이는 절대로 살 수 없는 존재이다. 소통을 통해야만 정보 교환을 하고 자신에게 일어나는 사건들과 다른 의미를 연관시킬 수도, 공유할 수도 있다. 소통이 없다면 인간은 소외되거나 낙오자가 될 수밖에 없고, 사회와 단절되어 존재 자체가 무의미하게 된다. 따라서 인간 존재의 이유이자 사회적 동물로서의 의미를 발견하게 하며, 사회를 하나의 유기체로 연결하여 발전하게 하는 소통의 가치를 이해하고 효과적으로 사용할 수 있도록 노력해야 한다.

SHARED VALUE

2. 인간의 행복과 소통

인간은 소통을 통해 공유하는 만큼 이해하고 존재하는 동물, 호모커뮤니쿠스이다. 긍정심리학의 창시자 마틴 셀리그먼(Seligman, 2012)은 그의 저서 『*Flourish*』를 통해 행복의 요소를 'PERMA'로 정의하였다. 'P'는 긍정정서(positive emotion)로, 행복을 가장 쉽게 느끼게 하는 기쁨, 희열, 따뜻함, 자신감, 낙관성을 말한다. 'E'는 몰입(engagement)이다. 몰입의 상태를 시간 가는 줄 모르는 것이라고 표현하기도 하는데, 어떤 활동에 빠져 시간을 자각하지 못하거나 자발적으로 업무에 헌신하는 것이다. 'R'은 관계(relationship)이다. 관계란 사회적 동물인 인간이 타인과 상호작용하는 과정에서 생기는 관련성을 말한다. 'M'은 의미(meaning)이다. 의미는 대상이나 일이 담고 있는 뜻, 가치 등이다. 인간은 자신이 하는 일이나 대상에 대해 의미를 부여할 수 있는 존재이지만 누구나 삶 속에서 의미를 부여하며 살아가지는 않는다. 동일한 상황에서 긍정적 의미를 부여하는 사람이 있는가 하면 부정적 의미로 받아들이는 사람도 있다. 이처럼 의미 부여하는 방법은 사람마다 차이가 있다. 마지막 'A'는 성취(accomplishment)이다. 성취는 경제적 성취, 일의 성취 등 사람이 이루고자 하는 것이다. 매슬로우는 이를 자아 실현이라고 표현하였다. 셀리그먼이 주장한 바와 같이 인간은 긍정적 정서와 자신이 몰입할 수 있는 일이 있어야 하고, 좋은 인간관계 속에서 의미 있는 일을 하며 자신의 목표를 성취해 나갈 때 행복을 느낄 수 있다.

관계는 곧 소통이다. 마틴 셀리그먼이 행복의 요소에 '관계'를 포함시켰을 만큼 인간 행복에 있어 소통은 매우 중요하다. 소통 없이는 진정한 관계 형성이 불가능하기에 소통 없는 행복 추구 역시 생각할 수 없다.

토마스 홈스와 리차드 레어(Holmes & Rahe, 1967)는 사람이 생활하며 느끼게 되는 다양한 스트레스의 양을 측정하였다. 연구결과 사람이 일상에서 스트레스를 가장 많이 받게 되는 상위 세 가지는 '배우자의 죽음', '이혼', '배우자와의 별거'인 것으로 나타났다. 한 개인에게 있어 배우자는 가장 밀접한 관계를 맺는 사람이자 소통의 대상이다. 따라서 배우자와의 단절은 막대한 스트레스를 야기하는 요인이 된다. 꼭 배우자가 아니더라도 자신과 가장 가까운 관계를 맺고 있는 사람, 즉 친구나 연인 등도 이에 해당한다. 이러한 사실을 통해 소통이 인간의 행복에 얼마나 큰 영향을 미치는지를 알 수 있다.

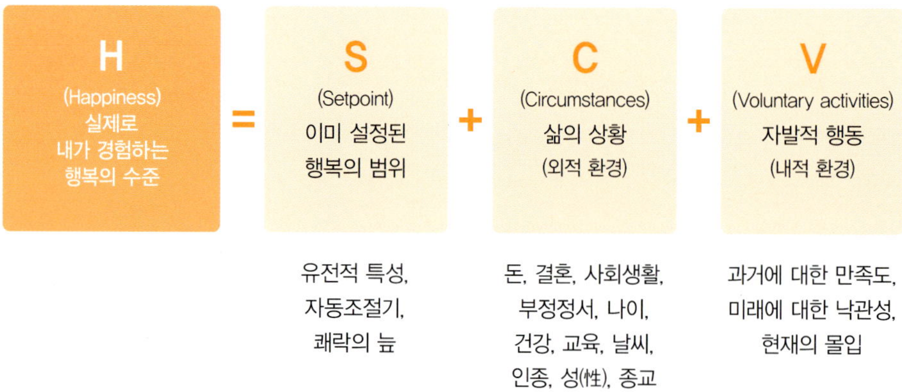

그림 8-1 마틴 셀리그만의 행복의 공식: H=S+C+V

출처: Seligman(2014)

3. 소통을 위한 자질, 공감

공감이란 대상을 알고 이해하거나 대상이 느끼는 상황 또는 기분을 비슷하게 경험하는 심적 현상이다. 이는 다른 이를 불쌍히 여기는 연민과는 다른 의미이며, 주의집중과 경청에 의해 촉진될 수 있다. 다른 사람의 상황과 기분을 느낄 수 있는 능력, 적극적으로 다른 사람의 경험에 동참하고자 하는 노력이 바로 공감이다. 즉, 상대의 일부가 되어 그 느낌을 공유하고 마음을 함께 나누고자 하는 능력이다.

공감하는 인간(sympathize with human)이라는 뜻을 가지고 있는 호모 엠파티쿠스

(Homoempartcus)는 미래학자 제레미 리프킨의 『공감의 시대(*The Empathic Civilization*, 2009)』에서 시작된 표현이다. 그는 인간이 세계를 지배하는 우월한 존재가 된 이유를 공감능력에서 찾았다. 인간은 사회적 존재로 타인의 행동을 이해할 수 있는 공감능력을 가지고 있으며, 이 능력이 인류 역사를 주도하는 가장 강력한 에너지라고 하였다.

한편, 인간에게는 거울 뉴런이 있다. 거울 뉴런이라는 것은 다른 사람의 행동을 관찰하기만 해도 자신이 그 행동을 할 때와 똑같이 신경 세포가 작동하는 것을 말한다. 이는 1990년대 이탈리아 파르마 대학의 신경과학 연구팀이 발견한 것으로, 공감 뉴런이라고 부르기도 한다. 인간은 이 같은 거울 뉴런 때문에 상대방의 감정과 행동을 느끼고 이해할 수 있다.

르파콜리와 고닉(Repacholi & Gopnik, 1997)은 실험을 통해 14~18개월 된 어린아이들의 공감능력을 증명하였다. 실험자는 어린아이들 앞에서 아이들이 좋아하는 크래커를 먹으며 메스껍고 괴로운 표정을 지어 보였고, 아이들이 싫어하는 채소 브로콜리를 먹으며 매우 맛있다는 표정을 지어 보였다. 이후 실험자가 아이에게 먹을 것을 달라고 손을 내밀었을 때, 연구에 참여한 18개월 된 아이들의 70%는 자신이 맛있다고 여기는 크래커가 아닌, 실험자가 맛있다고 표현한 브로콜리를 손에 올려주었다. 연구자들은 실험을 통해 아직 말도 제대로 하지 못하는 18개월 어린아이들조차 다른 사람의 입장을 파악할 수 있다고 주장하였다. 이는 상대의 감정 이해와 공감능력의 사회인지 발달과정이 우리 예상보다 훨씬 어릴 때부터 시작된다는 것을 보여준다. 즉, 인간의 공감능력이라는 것은 어린 시기부터 생겨나는 인간만의 특성이다.

스코틀랜드 철학자 데이비드 흄은 '인간 본성'을 다룬 저작에서 다른 사람들의 아픔과 슬픔을 느낄 줄 아는 공감능력이야말로 인간이 가진 도덕성의 바탕이라고 선언하였다. 흄은 우리의 공감능력을 현악기의 떨림에 비유하였다. "현 하나의 떨림이 나머지 현들에 전달되듯이 감정은 다른 사람에게 쉽게 옮아가며 결국 모든 사람에게 같은 감정을 불러일으킨다(한겨레신문, 2014. 09. 18.)."

데이비드 흄의 말과 같이 인간의 공감능력은 타인에게 옮겨지는 것이고, 옮겨진다는 것은 함께 느낀다는 의미이다. 인간이 다른 사람의 마음을 읽고 호응할 줄 아는 것, 이것이 공감이다.

인간은 유전과 환경의 영향을 받아 만들어지는 존재이다. 공감능력 역시 인간이 유전적으로 타고나는 기질이자 환경에 의해 길러질 수 있는 역량이다. 따라서 공감능력은 공감 가치의 교육, 타인의 입장 체험 등의 다양한 노력에 따라 충분히 향상될 수 있다.

현대인들은 인터넷을 매개로 하여 관계 형성을 하고, SNS를 통해 다양한 사람들과 소통한다. 이러한 관계 맺음과 소통방식은 인간의 공감능력 형성에도 영향을 미친다. 스마트폰과 SNS 등의 디지털 기술은 인간이 신속하고 광범위하게 소통할 수 있도록 하는 긍정적 기능을 하지만, 오히려 사람들의 공감능력을 발달시키는 데는 부정적 영향으로 작용할 수도 있다.

공감능력의 기본은 상대의 반응을 읽어 내는 것이다. 대화를 하며 상대의 반응과 태도를 관찰하여 마음을 읽어 내는 것이 공감능력의 발달 과정이다. 그러나 스마트폰으로 소통을 하다 보면 상대의 반응이나 목소리, 태도, 표정 등의 변화를 살필 수가 없다. 서로 얼굴을 마주 보고 음성을 주고받으면서 이루어지던 대화가 인터넷을 통한 대화로 바뀌면서 공감능력의 저하가 심화된 것이다. 디지털 기술을 통한 발신자 위주의 소통 문화는 상대방의 반응을 파악하지 못하고 자기 생각 위주로 판단하고 행동하게 만든다. 이와 같은 이유로 인터넷상에서는 혐오 표현이나 욕설 등이 더 심하고 빈번하게 나타난다.

사이코패스나 소시오패스와 같은 인간들은 공감능력이 매우 부족하다고 한다. 그들은 이성적이고 때로는 존경을 받기도 하고, 일상생활에 문제가 없는 것처럼 보이는 경우가 대부분이지만 보통 사람들에 비해 공감능력이 매우 떨어지는 것으로 알려져 있다. 결국 소통을 위한 필수 조건인 공감능력은 인간을 정서적으로 건강하게 하고 사회적 관계를 원만하게 유지할 수 있게 한다.

> 공감이란
> 나와 너 사이에 일어나는 교류지만,
> 계몽은
> 너는 없고 나만 있는 상태에서 나오는 일방적인 언어이다.
> 나는 모든 걸 알고 있고
> 너는 아무것도 모른다는 것을 전제로 하는 말들이다.
> 그래서 계몽과 훈계의 본질은 폭력이다.
> 마음의 영역에선 그렇다.
>
> – 정혜신

4. '소통'의 정의

소통(疏通)이란, ① 막히지 아니하고 서로 통(通)함, ② 뜻이 서로 통(通)함, ③ 속이 트임 등의 의미를 가지고 있다. 즉, 사람들이 가지고 있는 생각이나 뜻이 서로 통하고 서로의 생각이나 감정 등을 원활하게 교환하는 총체적인 행위를 말한다. 무엇에 막히지 않으며 정체되지 않고 흐른다는 것은 사람의 의견이나 의사가 상대방에게 명확하게 전달되고 상대로부터 원활한 피드백이 온다는 것이다.

영어로 소통은 'communication'으로, 라틴어의 'communis(공유)', 또는 'communicare(공동체, 공통성을 이루다 또는 나누어 갖는다)'라는 단어에서 유래하였다. 이처럼 소통은 타인과 공유하고 나누는 것을 의미하며, 함께(together)의 개념을 전제로 한다. 즉, 소통이란 인간이 서로의 의미를 공유하기 위해 의도적으로 행하는 상호작용이자 상대와 이해의 폭을 넓혀 가는 것이다. 또한 둘 또는 그 이상의 사람들 사이의 의사 공유를 통해 공통성을 이루어 나가는 과정이다.

요컨대, 소통은 타인과 사실, 생각, 의견, 감정을 교환하고, 이를 통해 공통적 이해를 도모하고 서로의 의식이나 태도, 행동의 변화를 일으키게 만드는 일련의 행동이다.

이렇듯 소통은 매우 중요한 일이지만 제대로 된 소통을 하기는 쉽지 않다. 아나운서나 기자 등 직업적으로 말하기가 특히 중요하게 여겨지는 사람들을 제외하고는 소통의 중요성이나 소중함에 대해 큰 의미를 부여하지 않는 경우가 많다. 그러나 소통 능력은 사회적 동물인 인간 누구에게나 중요하다. 말하기는 영유아기부터 배워 온 일상의 습관과 같은 것이기에 그 중요성을 간과하기 쉽다. 그러나 같은 내용이라도 어떻게 전달하느냐에 따라 효과의 차이가 크고, 소통은 단순히 말의 내용만을 전달하는 것이 아닌 말하는 사람의 이미지를 비롯한 많은 것을 함께 전달하는 것이므로 효과적인 전달 기술을 배워야만 한다.

5. 소통의 세 가지 관점

소통은 구조적 관점, 기능적 관점, 의도적 관점의 세 가지 측면에서 생각해 볼 수 있다.

1) 구조적 관점

구조적 관점은 소통을 메시지나 정보의 송·수신 과정으로 보는 견해로, 소통이란 메시지를 보내고 받는 과정 또는 정보가 한 장소에서 다른 장소로 흐르는 과정이라고 정의한다. 정보가 유통되는 과정을 구성하는 송신자, 메시지, 수신자에 비중을 두는 견해이다. 특정한 목적을 가지고 어떠한 의도나 영향을 미치기 위해 소통이 이루어지는 것에 주목하기보다 자신이 전달하려는 정보가 원래의 모습과 내용을 그대로 유지한 채로 손상 없이 목표한 사람에게 전달되는 것에 중점을 두는 관점이다.

2) 기능적 관점

기능적 관점은 소통을 인간으로부터 나타나는 행동과 반응으로 보는 견해로, 소통이란 어떤 자극에 대한 한 유기체의 분별적 반응이라고 정의한다. 따라서 기호화 및 해독과정을 중요시하며, 소통의 기능이나 의미상의 문제에 비중을 둔다. 즉, 인간들이 어떻게 기호를 사용하여 의미를 창조하고 공통의미를 수립하는가를 중요시하는 관점이다.

3) 의도적 관점

의도적 관점은 소통을 한 사람이 다른 사람에게 영향을 끼치기 위하여 의도적으로 계획한 행동으로 보는 견해이다. 즉, 의도적 관점에서 말하는 소통이란 한 개인이 다른 사람들의 행동을 변화시키기 위하여 자극을 보내는 과정이다. 이때 의식적인 의도가 있는 행위라는 점을 강조하므로 설득과 같은 의미로 사용되기도 한다. 따라서 의사소통의 효과에 관한 문제를 중요시하며, 의사소통 결과로 유발되는 의미가 수신자의 행동에 어떻게 영향을 끼치는가에 관심을 가진다.

이상의 세 가지 견해 및 그 정의들을 종합해 보면 소통이란 유기체들이 기호를 통하여 서로 정보나 메시지를 주고받으며 서로 공통된 의미를 수립하고, 나아가 서로의 행동에 영향을 끼치는 과정 및 행동이다.

SHARED VALUE

6. 소통의 중요성

1) 소통 방식은 곧 품격이다

소통을 단순한 정보의 전달이라고 생각하기 쉽다. 그러나 소통이란 정보 전달은 기본이고, 그 외의 다양한 것들을 함께 표현하는 것이다. 우리는 상대와 대화를 하며 상대방의 이미지, 성격, 인격까지 판단한다. 이것은 소통을 통해 전달된 것이 단순한 정보뿐만이 아님을 나타낸다. 소통의 내용이 정보 전달이라면, 소통 방식은 품격이라고 할 수 있다.

전달하는 말의 내용이 옳다고 해도 어떻게 전달하느냐에 따라 상대에 대한 신뢰감과 전달받는 사람의 기분이 달라질 수 있다. 동일한 내용의 말이어도 설득력에 차이가 있는 이유는 바로 전달하는 방식의 차이 때문이다. 따라서 품격 있는 소통 방식은 말하는 사람의 긍정적인 이미지 형성에 도움이 되고 정보의 신뢰성에도 영향을 미친다.

> 적을 만들기 원한다면
> 내가 그들보다 잘났다는 사실을 증명하면 된다.
> 그러나 친구를 얻고 싶다면
> 그가 나보다 뛰어나다고 느끼게 해주어라.
>
> – 라로슈푸코(La Rochefoucauld)

2) 소통은 공동체의 필요조건이다

인간은 공동체 안에서 건강하고 행복한 삶을 유지할 수 있고 성장해 나갈 수 있는 존재이다. 따라서 공동체의 구성원으로서 타인과 원만한 관계를 맺기 위한 매개체인 소통이 갖는 가치는 매우 크다.

우리가 속해 있는 사회는 이분법으로 설명할 수 없는 것들이 많고, 하나의 정답으로 정해지지 않는 일들이 많다. 그렇기에 공동체의 유지와 발전을 위해서는 소통을 통한 구성원들의 합의가 필요하다.

사회적 자본이란 사회 구성원이 사용할 수 있는 자원으로, 서로 간의 신뢰, 관계망, 협력 등을 의미한다. 사회적 자본은 개인의 행복에 많은 영향을 미치는 것으로 알려져 있다. 이러한 사회적 자본을 형성하는 데 필수적으로 요구되는 요소는 바로 소통이다. 구성원들 간 소통이 있어야 관계가 형성되고 신뢰나 협력 등이 이루어질 수 있기 때문이다. 하버마스(Habermas, 2006)는 구성원들의 의사소통 행위가 공동체의 형성과 유지를 가능하게 하며, 사회적 합의를 위해서 소통이 필요하다고 하였다. 이처럼 소통은 구성원들의 사회적 자본 형성, 공동체의 유대 및 성장에 기여한다.

3) 인간의 존재 이유이다

인간은 고립과 소외 속에서 살 수 없는 존재이다. 야스퍼스(Karl Jaspers)는 인간은 누구나 혼자 고립되어서는 살아갈 수 없고 타자와의 상호 소통 속에서 살아가는 존재라는 점을 강조한 바 있다(김진웅, 2012). 소통은 타자와의 관계 속에서 나타나며, 타인의 입장에 공감하고 공존할 수 있도록 돕는 원천이므로, 인간의 존재에 있어 필수적 요소이다. 소통하지 않는 인간은 그 자체로 존재의 이유가 없는 것이다.

소통은 타인과 관계를 형성하는 과정에서 자신의 정체성을 확립하게도 한다. 인간은 타자와의 관계 속에서 자신을 객관적인 시각으로 바라볼 수 있고, 자신의 정서, 능력 등을 이해할 수 있으며 이러한 과정을 통해 정체성을 형성해 나간다. 따라서 소통은 인간을 한 개인으로서, 공동체의 구성원으로서 존재하게 하는 이유이자 자아정체성 확립의 도구이다.

SHARED VALUE 7. 소통의 기술

삶의 많은 일이 그러하듯 소통능력을 향상시키는 일에도 노력이 필요하다. 소통능력은 저절로 타고나거나 길러지는 것이 아니기에 배워 반복적인 노력으로 향상시켜야만 한다.

소통능력 향상을 위한 조건으로 세 가지를 들 수 있다. 첫째, 소통을 위한 마음가짐이다. 소통을 잘하기 위해서는 소통의 가치와 중요성에 대해 이해하고 타인과의 소통을 즐기려는 마음가짐이 있어야 한다. 둘째, 소통 지식이다. 소통능력은 '어떻게 말하느냐'와 관련이 있는 문제이므로 목소리, 발음, 제스처, 대화 기법 등 소통의 기술이 필요하다. 이는 선천적으로 타고난다기보다 학습으로 향상되므로 소통능력 향상을 위해서는 소통 기술을 배워야 한다. 셋째, 소통의 실천이다. 인간은 누구나 자신이 마음먹은 대로 행동하지는 못한다. 바람직한 행동을 하려는 마음이 있다 해도 그것을 행동으로 옮기는 데는 어려움을 겪는다. 마음가짐과 실천력은 별개의 영역이기 때문이다. 소통능력도 마찬가지로 마음가짐과 지식만으로는 향상될 수 없다. 행동으로 실천해야 그 결실을 맺을 수 있다. 단순히 지식적으로 알고 있는 것과 그것을 실천으로 옮기는 것은 다른 차원의 문제이므로, 상황에 맞는 적절한 소통 기술을 삶 속에서 실천하는 행동적 노력이 뒷받침되어야 한다.

따라서 공동체 구성원으로서의 소통능력이란 자신의 감정을 표현하고(expression), 서로를 인정하며(confirmation), 서로 영향을 주고받으며(influence), 서로 변화되고(change), 공통의 목표를 가지고 일을 수행하고(work), 창조를 위해(creation) 노력하는 것이다.

1) 소통의 기본, 경청

경청은 소통의 출발점이고, 소통의 질을 결정하는 중요한 요소이다. 경청은 상대가 말하는 이유와 의미에 대해 생각하게 함으로써 상대를 이해하고 공감하도록 돕는다.

경청은 상대방의 이야기를 듣고 이해하려는 노력이다. 상대방의 메시지를 귀로 듣는 것뿐만 아니라 상대방의 마음을 이해하고 공감하는 언어적·비언어적 반응을 보이는 것이다. 따라서 경청은 상대방에게 주목하는 것(attending)과 상대의 말을 주의 깊게 듣는 것(hearing), 상대가 하는 말의 의미를 이해하려는 노력(understanding)을 포함한다.

상대방에게 주목한다는 것은 듣는 자세를 상대에게 향하게 하여 시선을 맞추는 것이다. 상대가 이야기할 때 딴짓을 하거나 뒤로 기댄 자세를 취하거나 시선을 맞추지 않는 등의 행동은 상대의 이야기를 대충 듣겠다는 것과 같다. 따라서 상대의 말에 주목하려면 자신이 하던 일을 멈추고 상체는 상대방을 향해 기울이고, 눈을 맞추는 행동이 필요하다. 상대의 말을 주의 깊게 듣는다는 것은 상황에 맞는 표정, 고개 끄떡임, 적절한 맞장구, 질문 등으로 상대방이 말하는 것을 격려하고 돕는 것이다. 적절한 맞장구나 행동, 표정 등의 반응 없이 상대방의 이야기를 묵묵히 듣고만 있다면 상대방과의 이야기가 더 진전되기 어려울 뿐 아니라 말하는 사람의 소통 의지를 감소시키게 된다. 사람들은 흔히 컨디션이 좋지 않을 때, 말하고 있는 상대에게 관심이 없거나 부정적 감정이 있을 때, 상대의 말에 동의하지 않을 때 무반응을 보인다. 따라서 상대의 이야기에 대해 반응을 보이지 않으면, 상대는 여러 가지 부정적 생각으로 오해를 하기 쉽다. 따라서 주의 깊게 듣기 위해서는 상대가 이야기할 때 언어적·비언어적 반응을 적절히 보여야 한다.

또한 경청은 상대의 말이 내포하고 있는 의미를 이해하려는 노력이다. 상대의 말을 단순한 언어적 의미로 해석하는 것이 아니라 그 언어에 내포된 상대의 마음을 읽어 주는 것이다. 사람들은 여러 가지 이유로 말을 한다. 그중 큰 이유는 자신의 마음을 상대가 알아주기 바라기 때문이다. 공감능력이 뛰어나다는 것은 상대방의 입장이 되어 그 마음을 읽어 주는 능력이 탁월하다는 것이다. 상대는 자신의 마음에 공감해 주기를 바라는데 오히려 잘못된 부분을 지적하거나 옳은 말, 바른말로 훈계를 하려는 사람들이 있다. 그러나 사람은 논리적이고 옳은 말에 마음이 움직이지 않는다. 오히려 자신의 마음을 읽고 동의하며 위로하는 말에 마음이 움직인다. 따라서 상대가 말할 때, 왜 그런 말을 하는 것인지 생각해 보고 상대의 마음을 이해하는 말을 건네려는 노력을 해야 한다.

자신의 말만 많이 하는 사람을 좋아하는 사람은 없다. 또한 말을 많이 하다 보면 실언을 할 수도 있다. 따라서 말하기보다 듣기에 더 비중을 두는 것이 소통의 기본이며 상대방에게 관심이 있다는 것을 표현하는 방법이다.

사회는 소통이 있어야 유대가 형성되고 협력할 수 있다. 소통이 없다면 개인주의가 만연해지고 모든 사람을 형식적, 목적적으로만 대하게 된다. 그러면 구성원들 간의 관계는 소원해지고 공동체가 발전하기 어렵다. 따라서 공동체의 유대와 협력, 발전을 위해서는 소통의 중요한 요소인 경청의 태도를 갖추어야 한다.

> 다른 사람의 이야기를 진지하게 들어주는 경청의 태도는
> 우리가 다른 사람에게 보일 수 있는 최고의 찬사 가운데 하나이다.
>
> – 데일 카네기(Dale Carnegie)

2) 매력적인 전달 요소, 목소리

"이상하게 끌리는 사람이 있는가? 그렇다면 그 사람의 목소리에 주목하라." 목소리 연구가인 모튼 쿠퍼(Morton Cooper, 2002) 박사는 이렇게 말했다. 매력적인 목소리는 같은 얼굴이라도 한 번 더 보게 만드는 힘이 있다.

사회심리학자 앨버트 메라비언(Albert Mehrabian)은 대화를 할 때 말의 내용이 차지하는 비중은 7%, 목소리가 차지하는 비중은 38%로, 목소리가 말의 내용보다 5배 이상 큰 비중을 차지하고 있음을 밝힌 바 있다(British Library, 2021.02.17.). 이처럼 호감 가는 목소리는 상대로부터 관심과 주목을 받게 하고, 말의 신뢰도를 높인다.

건강한 성대에서 좋은 목소리가 나오는 것이므로 매력적인 목소리를 원한다면 성대를 관리하고 건강 챙기는 일을 소홀히 하지 말아야 한다. 사람의 목소리는 표정에 따라 달라지게 마련이다. 또한 그 사람의 마음가짐이나 정서에 영향을 받는다. 기분이 좋거나 웃고있을 때 목소리가 경쾌하고 맑으며 기분이 나쁘거나 표정이 어두울 때 목소리가 가라앉고 무뚝뚝하게 변하는 것을 우리는 경험을 통해 알고 있다. 따라서 매력적이고 호감가는 목소리를 갖기 원한다면 긍정적인 마음가짐과 밝은 표정으로 생활하는 삶의 태도가 필요하다. 소통능력이 더욱 중요해진 현대사회에서 목소리

를 관리하는 것은 당연히 해야 할 일이다. 건강한 신체와 긍정적인 마음가짐이 좋은 목소리를 만드는 기본임을 반드시 기억해야 한다.

> 커뮤니케이션은
> 밝고, 정확한 목소리를 내는 것에서 시작된다.
>
> – 모톤 쿠퍼(Morton Cooper)

3) 또 하나의 언어, 표정

표정은 개인의 심리 상태를 전달해 주는 대화의 도구이자 사람의 이미지를 형성하게 하고 소통을 원활하게 하는 중요한 요소이다. 존 피스크(Fiske, 2001)는 커뮤니케이션에서 중요한 것은 '의미의 공유'인데, 시각적 요소를 소홀히 한 채, 대화의 내용만을 강조한다면 의미 공유에 실패할 수 있다고 하였다. 따라서 상대방에게 말을 효과적으로 전달하려면 중요한 대화의 도구인 표정을 적절히 활용해야 한다.

대화 중 미소 짓는 것은 말하는 내용을 수식하거나 강조하는 것과 같다. 평범한 말이라도 부드러운 미소를 동반하면 따뜻한 마음을 전달할 수도 있고, 미소가 동반되지 않을 경우 마음에 없는 형식적인 말로 오해를 살 수도 있다. 또한 자신의 실수나 잘못에 대해 사과를 해야 하는 상황이라면 진지하고 정중한 표정이 수반되어야 한다. 이처럼 상황에 따른 적절한 표정 연출은 소통을 돕는 또 하나의 언어이다.

주변 사람들로부터 편안한 대화 상대자로 여겨지는 사람들의 표정은 대부분 밝고 부드럽다. 표정이 무뚝뚝하거나 차가운 사람들 앞에서는 불편한 마음이 들게 마련이고, 대화를 진솔하게 나누기도 어렵다. 따라서 상대방과 원활한 소통을 하며 마음을 나누고 싶다면 부드럽고 온화한 표정을 지어야 한다. 미소에는 여러 가지 요소가 필요한데, 가장 우선되어야 할 것은 따뜻한 마음가짐과 긍정적인 생각이다. 얼굴은 '정신적인 모양새'를 의미한다. 얼굴은 그 사람의 정신 상태를 나타내는 거울과도 같기에, 사람들은 누군가의 인상을 보고 그 사람의 가치관, 정신 상태, 마음가짐 등을 짐작하곤 한다. 즉, 표정은 한 사람의 생각, 가치관, 마음가짐 등이 표현되는 수단이므로 긍정적인 사고와 정서 없이 부드럽고 온화한 표정을 만들기는 어렵다. 단기간 동안은 마음이나 생각을 숨기고 거짓 표정을 지을 수 있을지 모르나 평생, 지속적으로 가식적인 표정으로 사는 것은 불가능하기 때문이다. 따라서 호감 가는 표정을 만들려면 따뜻한 마음가짐과 긍정적인 생각이 우선되어야 한다.

좋은 미소를 위한 또 다른 조건은 눈과 입의 근육이 함께 움직이는 것이다. 눈 주위의 근육과 볼 근육이 함께 움직여야 진심이 우러나는 자연스러운 미소를 만들 수 있다. 프랑스 해부학자 듀센(Duchenne)은 진정한 기쁨을 표현하는 미소는 볼근(대협골근)과 눈둘레근(안륜근)을 함께 이용해야 한다고 하였다(네이버 블로그, 2017. 07. 10.). 눈이 웃지 않는 미소는 억지 웃음 혹은 가식적 웃음처럼 보인다. 따라서 진심이 담긴 눈빛과 부드럽게 입꼬리가 올라간 표정으로 진심을 전달하기 위해 노력해야 한다.

4) 태도와 마음가짐의 표현, 제스처

소통은 언어적·비언어적 커뮤니케이션을 모두 포함한다. 제스처는 비언어적 커뮤니케이션에 속하는 것으로, 효과적인 메시지 전달을 위한 보조적 수단이지만 때로는 언어적 요소보다 더 강력한 메시지를 전달한다. 미국의 심리학자 레이 버드휘스텔(Ray Birdwhistell)은 표현수단으로서 언어 대 비언어의 비율이 35 대 65에 이른다고 주장하였다. 비언어의 비중이 언어보다 높을 수 있다는 것이다. 실제 정치뿐만 아니라 사회 전반적인 부분에서 인간의 상호관계에 따른 비언어적인 행동을 분석해 적용하는 사례를 많이 확인할 수 있다(매일경제, 2018. 07. 25.). 이처럼 소통에 있어 비언어적인 수단이 갖는 비중이 크다는 것은 명확한 사실이다. 특히, 사람이 많은 집단에서는 언어적으로 전달되는 비중보다 표정, 제스처, 눈 맞춤 등을 통한 전달이 압도적으로 많다. 따라서 소통능력을 키우기 위해서는 비언어적 의사소통 영역인 제스처의 중요성을 간과해서는 안 된다.

제스처의 중요성은 다음 사례에서도 알 수 있다(한국일보, 2015. 02. 03). 2차 세계대전 당시 나치가 폴란드에 세운 아우슈비츠 수용소에서 회계사 역할을 했던 90대 독일 남성이 2015년 4월 독일 뤼네부르크 법원에서 재판을 받았다. 이 사람은 아우슈비츠 수용소에서 유대인들의 소지품을 압수해 독일 나치 정권이 자금을 마련하는 데 일조했고, 재판을 받을 때의 죄명은 살인방조 혐의였다. 이 재판에 아우슈비츠 생존자 60명도 참관했는데 그중 한 명은 이런 인터뷰를 했다. "나치 정권의 공범인 그를 용서할 수 없었지만 93세의 노인이 되어 거동이 불편한 모습을 보니 마음이 약해졌어요. 그러나 그가 팔짱을 끼고 거만하게 앉아 있는 모습을 보고 여전하다는 생각이 들었어요." 재판 참관자의 인터뷰 내용에서도 알 수 있듯이 대화할 때 팔짱을 끼는 것은 적대감, 거만함, 우월감 등의 표현으로 상대에게 비치기 쉽다. 살인방조 혐의로 재판을 받는 남성의 거만한 태도는 수용소에서의 잘못을 반성하는 모습으로 보이지 않았던 것이다. 이처럼 제스처는 마음 상태를 알 수 있게도 하고 간접적으로 메시지를 전달하는 도구로 활용될 수 있으므로 주의해서 사용해야 한다.

제스처 관련 또 다른 사례는 1960년 미국 대통령 후보들의 TV토론에서 찾아볼 수 있다. 미 역사상 처음으로 실시되었던 이 TV토론은 미국 전체 인구의 약 3분의 1 가량이 시청할 만큼 높은 관심을 모았었다. 공화당 후보인 리처드 닉슨(Richard Milhous Nixon) 부통령은 민주당 후보인 존 F. 케네디(John Fitzgerald Kennedy) 상원의원과 TV토론을 벌였다. 존 F. 케네디 후보가 자연스러운 시선 처리와 자신감 있는 제스처로 토론에 임한 반면, 닉슨 후보는 두 손으로 테이블을 잡은 채 시종일관 한 곳만을 바라보며 토론을 했다. TV토론 후 닉슨 후보의 우세였던 판세가 케네디 후보 쪽으로 기울었고 결국 그는 대통령에 당선되었다. 전문가들은 케네디 후보의 자신감 있는 제스처와 자연스러운 시선 처리 등 비언어적 커뮤니케이션 요소가 토론에 큰 영향을 미쳤다고 분석하였다(MBC, 2011. 11. 01.).

위의 사례들은 커뮤니케이션에서 제스처가 상대에게 미치는 영향력이 얼마나 큰지를 증명하고 있다. 즉, 제스처는 설득력에도 영향을 미칠 뿐 아니라 상대를 대하는 태도, 자신의 마음가짐을 간접적으로 보여주는 중요한 소통의 도구이다.

5) 대화의 분위기를 좌우할 소재

맛있는 요리를 만드는 데는 신선한 재료가 필수적이듯 원만한 소통을 위해서는 대화의 소재가 중요하다. 지나치게 사적인 내용이나 종교, 인종, 정치와 관련한 소재는 좋지 않다. 문화, 음악, 예술, 여행, 스포츠, 날씨 등과 같은 가벼운 소재가 대화의 분위기를 좋게 만들 수 있다. 또한 상대와의 소통을 원활하게 하기 위해서는 자신이 관심 있는 소재가 아닌 상대의 관심 소재를 꺼내는 것이 좋다. 우리는 식사 초대를 할 때 상대가 원하는 음식이 무엇인지 관심을 갖는다. 상대를 초대해 놓고 자신이 좋아하는 음식만 차리는 것이 손님에 대한 예의가 아니듯이 대화도 마찬가지이다. 대화는 상대와 소통과 공감을 이루어 내는 작업이므로 상대의 관심이 무엇인지를 생각하여 대화 소재를 찾아야 한다.

소통이란 말하는 주체의 알리려는 노력과 상대의 의사를 알고자 하는 노력의 조화이다. 상대에 대한 배려나 존중 없이 자신의 의견만 일방적으로 개진하는 것은 소통이라고 할 수 없다. 즉, 알리려는 노력과 알려는 노력이 균형과 조화를 이루었을 때 원활한 소통이 될 수 있고, 더 나아가 원만한 인간관계가 형성될 수 있다. 따라서 소통의 큰 가치를 실현하기 위해서는 소통 당사자들의 성실한 노력이 절실하다.

말하기는 선물과 같다. 선물에는 전하는 사람의 생각과 정성이 포함되어야 하듯, 말하기에도 전하는 사람의 따뜻한 마음과 긍정적인 의미, 정성이 담겨 있어야 한다. 또한 선물이 상대에게 전달된 후에는 상대의 것이듯, 말도 상대에게 전달된 후에는 듣는 사람의 것이 된다. 말하는 사람의 의도나 생각보다는 상대가 어떻게 해석하고 어떤 감정을 느끼느냐가 더 중요한 것이다. 따라서 말을 할 때에는 상대의 입장에서 생각하고 그 말이 상대를 위한 것인지 고민해야 한다.

공동체 구성원으로서 지혜롭게 살기 위해서는 일방통행의 주장보다는 융통성 있는 타협이 필요하고 부정적 비판보다는 긍정적 의견 제시가 필요하다. 또한 자신의 의견만을 내세우기보다는 상대의 의견을 진지하고 열린 마음으로 듣는 것이 바로 소통의 기술이다.

Activity 1

대화의 소재로 인해 불편했던 경험에 대해 이야기 나누어 봅시다.

상황 (시기, 장소)	상대	불편했던 대화 내용	이유

대화 시 주의해야 한다고 생각되는 점

Activity 2

자신의 목소리와 커뮤니케이션 스타일은 어떤 특성을 가지고 있는지 확인해 보고, 더 좋은 목소리를 내기 위해 노력해야 할 점에 대해 생각해 보세요.

Cool or Warm?

COOL	아주 가깝다	가깝다	보통	가깝다	아주 가깝다	WARM
낮음						높음
강함						약함
탁함						맑음
굵음						가늚
큼						작음

커뮤니케이션 스타일

COOL	아주 가깝다	가깝다	보통	가깝다	아주 가깝다	WARM
주도적인						경청하는
직설적인						완곡한
짧게 말하는						길게 말하는
딱딱한						부드러운
빠른						느린

목소리와 커뮤니케이션 스타일 개선을 위해 노력할 점

Activity 3

주변 사람들과의 대화 상황을 떠올려 보고 자신의 경청 태도에 대해 평가해 보세요.

대화의 상황 및 대상	
경청의 요소	**요소별 자기 평가**
끝까지 듣기	
자세를 상대 쪽으로 향하기	
눈 마주치기	
표정으로 공감하기	
맞장구 치기	
질문하기	

자신의 경청 태도에서 고쳐야 할 점

Activity 4

자신의 말에 주변 사람들이 맞장구를 쳐주었던 사례를 떠올려 보고 기분이 나빴던 이유와 좋았던 이유가 무엇인지 적어 보세요.

기분 좋았던 사례	
상대의 맞장구 내용	
좋았던 이유	

기분 나빴던 사례	
상대의 맞장구 내용	
나빴던 이유	

공감하는 말 적어 보기

Activity 5

일상에서의 대화에는 말하는 순서가 크게 문제가 되지 않지만 뚜렷한 용무가 있을 때에는 대화의 배열에 신경을 쓰면 효과적으로 상대에게 용건을 전달할 수 있습니다. 다음의 순서에 맞게 대화의 내용을 정리한 후 실제로 적용해 보세요.

대화의 상대 및 용건

연습해 보기

단계		실제 대화(구어체로 말하듯이 적을 것)
1	인사말 하기	
2	친숙한 분위기 만들기 (날씨, 건강 등 공통의 소재 찾기)	
3	대화의 목적 말하기	
4	부드러운 분위기 조성하기 (본론과 관련 있고 기분을 좋게 할 수 있는 소재)	
5	본론 말하기	
6	상대편과 말을 주고받기	
7	자신의 의견을 최종 정리하기	
8	확인하기 (상대로부터 확인할 부분 혹은 궁금한 점)	
9	감사의 인사말 하기	

CHAPTER

09

협력

1. 미래 사회에 더욱 필요한 협력

앞으로 다가올 4차 산업혁명 시대에 인류가 직면하게 될 문제들은 지금보다 더욱 복잡하고 비정형적일 것임이 분명하다. 이러한 시대적 상황에서는 창의적 아이디어와 문제해결 능력이 특히 필요하다. 창의적 아이디어 창출과 효과적인 문제해결은 개인보다 여러 사람의 역량이 모일 때 더욱 유리하다. 여러 사람이 함께하면 기술과 경험 등 다양한 면에서 상호보완적으로 일을 처리할 수 있기 때문에 문제해결이 쉬워지고 혼자서 일할 때보다 더 나은 성과를 낼 수 있다.

2005년 OECD의 DeSeCo 프로젝트가 4차 산업혁명 시대에 요구되는 핵심역량으로 도출한 자료에는 협력과 관련한 역량이 포함되어 있다(OECD, 2005). 인류가 갖추어야 할 핵심역량에 협업적 문제해결 역량을 포함시켰다는 점은 미래 사회에 협업 역량이 얼마나 중요한지를 나타낸다.

협력의 가치가 중요해짐에 따라 기업은 협업 역량을 가진 인재를 선호하고 있고, 인재 채용 시 협업 능력을 중요한 직무 역량 중 하나로 평가하고 있다. 기업에서 요구하는 인재는 특정 영역의 단순한 전문지식이나 기술을 보유하고 있는 사람이 아닌 협력에 필요한 의사소통능력, 공감능력, 배려심, 리더십 등의 사회적 관계 역량을 가진 사람이다. 미래 사회에서 필요로 하는 인재 역시 전문적인 지식과 사회적 관계 역량, 특히 협업의 역량을 갖춘 사람이다. 즉, 협업 역량과 같은 사회적 관계 역량은 공동체 구성원으로서 갖추어야 할 역량이자 미래 사회를 살아갈 핵심 인재로서의 자질이다.

> 나는 당신이 할 수 없는 일들을 할 수 있고,
> 당신은 내가 할 수 없는 일들을 할 수 있다.
> 하지만 함께라면 우리는 멋진 일들을 할 수 있다.
>
> – 헬렌 켈러(Helen Keller)

2. 협력의 개념

협력(cooperation)은 협업, 협동과 유사한 개념으로 사용된다. 협동은 일이나 업무를 함께해 나가기 위해 힘을 합치는 것이지만 단순히 힘으로 한정하는 것이 아닌 마음을 합하는 것도 포함된다.

협력은 구성원들이 일을 계획·수행하는 과정에서 조직의 가치와 자원을 공유하고 지원을 함께하는 것이다. 협력은 구성원들 각자가 균형 있게 업무를 담당하여 맡은 바 역할에 최선을 다함으로써 최종 성과물을 완수하는 것이므로 책임의 가치가 수반되어야 원활하게 이루어질 수 있다.

프레드 등(Frend et al., 2010)은 협력을 '최소 2인 이상의 동등한 구성원이 공동의 목표를 향해 공유된 의사결정에 자발적으로 참여하는 상호작용의 형태로, 문제를 해결하기 위해 조정된 노력을 함께하는 것을 의미한다.'고 하였다. 자발적인 의사결정 참여를 위해서는 자신이 속한 공동체의 목표와 과제에 대한 관심이 선행되어야 한다. 공동체에 대한 관심 없이는 협력이 절대로 이루어질 수 없다. 구성원들의 관심이 공동체의 목표를 이해하게 하고 의사결정과 과업 수행에 대한 동기부여를 하기 때문이다. 따라서 공동체 구성원들의 관심과 활발한 상호작용이 협력의 기본이다. 공동체 구성원들이 각자 자신의 역할 수행에서 그치는 것이 아니라 문제를 함께 해결하고 공동체의 목표와 이익을 달성하기 위한 상호작용에 자발적으로 참여하여 지속적으로 노력을 기울일 때 협력은 그 성과를 나타낸다. 따라서 구성원들이 활발하게 의사소통하며 자발적이고 지속적인 참여와 노력을 할 수 있도록 분위기를 조성할 필요가 있다.

협력적 분위기 조성을 위해서는 협력의 과정에서 나타날 수 있는 갈등을 어떻게 바라보느냐도 매우 중요하다. 협력에 참여하는 구성원들은 협력적 관계 형성 의지가 필요한데, 이를 위해서는 갈등을 부정적 시각이 아닌 긍정적이고 자연스러운 시각으로 바라볼 준비가 되어 있어야 한다.

요컨대, 협력은 공동체의 목표와 가치를 추구하기 위해 구성원들이 상호작용하여 한 방향으로 함께 노력하는 것이기에 자발성, 책임감, 배려, 인내, 갈등 해결 능력 등 다양한 요건들이 필요하다.

3. 협력을 위한 기본 자질, 인성

협력의 역량을 기르기 위해서는 내면의 속성인 인성이 준비되어 있어야 한다. 오만한 사람들은 타인에게 무엇을 배우려 하지 않기 때문에 타인과 협력하기 어렵다. 그들은 타인과의 협력보다는 자신의 생각과 신념만을 주장할 가능성이 크다. 자신의 생각만을 옳다고 주장하는 사람은 타인의 생각이나 제안을 무시하게 되고 어떻게 해서든지 자신의 의견을 관철시키려 하므로 갈등이 생겨 협력을 달성하기 어렵다. 그렇기에 개별적인 결과물보다 팀 단위로 업무를 처리하고 성과를 내는 것이 중요한 기업과 조직에서는 인성 좋은 직원을 채용하기 위해 애쓰는 것이다. 좋은 인재를 채용하기 위해 다양한 방식으로 '인성 면접'을 본다거나 객관적이고 정확한 인성 평가 척도를 만들기 위해 노력하는 것도 바로 이러한 이유 때문이다. 인성은 내면적인 속성으로, 겉으로 드러나는 역량은 아니지만 조직의 협력을 달성하는 데는 개인이 갖춘 실력이나 기술, 노하우보다 훨씬 중요하다. 결국, 어떤 인성을 가진 구성원들이 조직을 이끌어 나가느냐에 따라 조직은 성공할 수도 있고 실패할 수도 있다.

『바보들은 항상 남의 탓만 한다』(2003)의 작가 존 밀러(John Miller)는 이렇게 이야기하였다. "우리는 직원을 채용할 때 기술과 배경, 그리고 교육을 잣대로 삼는다. 그런데 직원을 해고할 때는 거의 '언제나' 그 사람의 됨됨이를 문제 삼는다. 직원 채용에 관한 한 우리는 거꾸로 하고 있다." 밀러의 말은 조직에서 인재를 채용할 때 인성을 왜 중요한 잣대로 정해야 하는지를 설명하고 있다.

미국 사우스웨스트 항공에서 직원을 채용할 때 "태도를 위한 고용, 기술을 위한 훈련(Hire for attitude, train for skill)"이라는 말을 슬로건(GOVERNING 홈페이지, 2011. 11. 04.)으로 내걸었던 것도 이러한 맥락에서 이해될 수 있다. 인성은 가정, 학교에서의 교육, 개인적 경험, 타고난 기질 등 다양한 요소에 의해 삶 속에서 길러지는 것이기에 기업에서 교육이나 훈련으로 향상시키기 어렵다. 기술은 오랜 기간 한 분야에서 일하다 보면 자연스럽게 숙련되지만 인성은 근무 기간에 따라 달라지는 것이 아니기 때문에 인성에 중점을 두어 직원을 채용하려 한 것이다.

이병구(2015)도 현대의 기업과 같이 고도로 분업화되고 대규모화되고 글로벌화된 상황에서 조직의 성과를 향상시키기 위해서는 협업을 강화시켜야 하며, 협업의 원천 요인이 무엇인지를 파악할 필요가 있다고 주장하였다. 이와 같이 협력은 글로벌 시대를 살아가기 위한 필수적 역량이자 공동체가 성장·발전하는 데 꼭 필요한 가치이다. 특히, 협력은 올바른 인성의 토대 위에서 실현될 수 있는 것이므로 인간으로서의 기본 품성인 인성을 소홀히 해서는 안 된다.

4. 이성적 존재인 인간에게 필요한 협력

인간은 이성적으로 사고하고 논리적으로 추론하며 미래를 설계할 수 있는 존재이다. 또한 자신과 공동체의 목표 달성을 위한 최선의 방법을 찾아낼 수 있는 능력도 갖추고 있다. 그러나 이러한 탁월한 능력을 가추었음에도 불구하고 인간은 실수를 하기도 하고 잘못된 판단을 하기도 한다. 매사에 이성적이고 논리적이며 합리적인 판단을 하기는 어렵다는 뜻이다.

카네만과 트버스키(Kahneman & Tversky, 1979)는 인간이 어떠한 대상을 판단할 때 상황에 의존하는 경향이 크고, 대상과 직접적 관련이 없는 곳에서 판단의 단초를 마련하는 오류를 나타낸다고 하였다.

예를 들어, 실험자들에게 비극적인 영화를 보여준 후 어떤 사람에 대해 판단하라고 하면 부정적인 응답이 나올 가능성이 크고, 희극적인 영화를 보여준 후 평가할 경우에는 긍정적 응답이 나올 가능성이 크다는 것이다. 또한 어떠한 숫자를 기억하게 한 후 특정 물건의 가격을 추정해 보라고 하는 실험에서도 큰 숫자를 기억한 사람들이 작은 숫자를 기억한 사람들보다 더 큰 값을 제시한다는 것이다. 이와 같은 현상을 앵커링 효과라고 한다. 앵커(anchor)는 배에서 사용하는 '닻'이다. 앵커링 효과란 의사결정을 할 때 배의 닻처럼 역할 하는 것이 있다는 뜻이다. 이는 의사결정과 직접적 관련은 없지만 의사결정에 영향을 미치는 것들을 의미하는데, 사람들은 의사결정을 할 때, 의사결정과는 관련이 없는 어떠한 단서를 보고 듣는 등의 특정 상황에 놓이게 되면 그것이 의사결정에 영향을 받는다는 것이다. 이렇듯 인간은 관련 없는 단서에도 의사결정에 영향을 받을 만큼 불완전한 존재이다.

인간이 합리적인 판단을 하지 못하는 존재라는 것을 주장하는 또 하나의 이론은 휴리스틱이다. 인간은 어떠한 사건이 일어날 확률이나 빈도를 예측할 때 논리적인 통계 자료보다는 최근의 사례나 특정한 예를 떠올려 그것에 기초하여 판단하는 경향이 있는데, 이를 가용성 휴리스틱(availability heuristic)이라고 한다. 만약 기차 사고가 발생한 것을 언론에서 크게 보도했다면, 기차의 탑승률은 떨어진다. 햄버거를 먹고 식중독이 일어났다는 기사가 방송되었다면 햄버거 판매량이 감소하는 것도 같은 이치이다. 이처럼 인간은 주목할 만한 사건이나 경험 등에 의해 판단에 영향을 받기도 한다.

휴리스틱은 인간관계를 형성할 때나 의사소통할 때에도 작동한다. 대인관계에서 사람들은 보통 상대방의 첫인상으로 '좋은 사람이다' 혹은 '나쁜 사람이다'를 직감적으로 느끼고 판단한다. 이것을 감정 휴리스틱(affect heuristic)이라고 한다. 감정 휴리스틱은 사람이 무엇을 결정하거나 선택해야 하는 상황에서 상대방에 대해 '좋은지', '나쁜지'를 직감적으로 판단한 후, 그 판단에 따라 의사결정을 하게 되는 것을 말한다. 감정 휴리스틱에 따라 상대를 '좋다'고 느낀 경우에는 긍정적으로 판단하게 되고, '싫다'고 느끼게 되면 부정적으로 판단하게 되는 것이다.

이러한 감정 휴리스틱은 광고에서 많이 찾아볼 수 있다. 광고주들은 당시 가장 인기 있는 사람, 즉 소비자들이 '좋다'고 느끼는 사람들을 모델로 선택한다. 모델에 대해 '좋다'고 느끼게 되면, 그들이 광고하는 상품 역시 좋게 느껴져 곧 구매로 연결될 확률이 높아지기 때문이다. 이것이 자동차 전문가가 광고를 할 때보다 톱스타가 광고할 때 자동차 매출이 증가하는 이유이다. 감정 휴리스틱은 자동적, 순간적으로 이루어지는 것이지만 인간의 판단에는 지대한 영향을 미친다. 이렇듯 감정 휴리스틱으로 인간은 이성적이고 합리적 판단에 방해를 받는 존재이다.

또한 인간은 범주적 사고를 하는 경향이 있다. 범주적 사고는 교육, 환경, 자신의 경험 등으로 형성되는데, 범주적 사고가 긍정적으로 작동하면 의사소통이나 판단에 유용하지만 선입견이나 편견 등으로 부정적으로 작동하면 합리적인 판단에 방해가 된다. 특정 지역, 종교, 국가, 학교의 사람들을 싫어하거나 좋아하는 것 역시 범주적 사고의 예이다.

이처럼 이성적이고 논리적이며 합리적인 판단을 할 수 있는 존재인 인간은 아이러니하게도 감정, 환경 등의 다양한 요인에 의해 영향을 받아 판단의 오류를 범하는 경우가 많다. 특히 인간의 뇌는 계산이나 논리적 추론과 같은 복잡한 인지 활동에 의해 쉽게 피로해진다. 피로해진 인간의 뇌는 이성보다는 감정에 의존하여 판단을 하게 되고, 그로 인해 오류를 범할 가능성도 높아진다. 이처럼 인간은 부족한 존재이다. 계산이나 논리적 추론을 해야 하는 분야에서 컴퓨터가 인간의 능력을 뛰어넘은지 오래이며, 의사의 수술 성공률, 변호사의 재판 승률도 인공지능(AI)이 인간보다 우위에 있음이 증명되고 있다.

이와 같은 이론들은 인간이 뛰어난 능력을 지닌 이성적 존재임에도 여러 가지 한계를 지니고 있음을 나타낸다. 그래서 누구든 잘못된 판단을 할 수 있고 실수를 하기도 하는 것이다. 인간은 습관적으로 비합리적인 행동을 하고서도 그것을 인지하지 못하기도 하고 최선을 다해 합리적인 판단과 결정을 하려 노력해도 한계에 부딪힐 수밖에 없다.

이렇듯 인간은 한계를 지닌 부족한 존재이다. 그래서 타인의 조언이 필요하고 많은 사람의 지혜를 모아야 하는 것이다. 결국 여러 사람과 함께 아이디어를 모으고 협력할 때 더 좋은 성과를 낼 수 있다. 협력의 과정에서 타인의 생각과 의견을 들으며 자신의 판단이 잘못되었음을 알 수도 있고, 창의적인 아이디어도 얻을 수 있다. 논리적이고 합리적인 판단, 다양한 창의적 아이디어, 이것은 혼자보다는 협력할 때 얻을 수 있는 성과이다.

> 팀워크는
> 개인의 총합보다
> 더 큰일을 할 수 있다.
>
> – 칼리 피오리나(Carly Fiorina)[1]

1 휴렛팩커드 첫 여성 CEO

> 경영의 즐거움 중 빼놓을 수 없는 것이
> 약한 자들이 합해 강자를 이기고,
> 평범한 사람들이 합해 비범한 결과를 내는 것입니다.
> 그것을 가능케 하는 것이 바로 팀워크입니다.
> 팀워크는 공통된 비전을 향해 함께 일하는 능력이며,
> 평범한 사람들이 비범한 결과를 이루도록 만드는 에너지원입니다.
>
> – 앤드류 카네기(Andrew Carnegie)

> 조직을 승리로 이끄는 힘의 25%는 실력이고
> 나머지 75%는 팀워크이다.
>
> – 딕 버메일(Dick Vemeil)[2]

5. 협력에 필요한 요소

공동체 내의 협력이 원활히 이루어지기 위해서는 원천 요인이 필요하다. 학자들은 협력에 필요한 원천 요인에 대해 다음과 같이 설명하고 있다.

송재준과 김문중(2013)은 협력을 위해서는 공유된 목표, 분명한 책임과 역할, 보상의 균형성, 솔선수범 네 가지가 필요하다고 하였다. 공동체 운영이 일관성과 방향성을 갖기 위해서는 구성원들의 공유된 목표가 필요하고, 과업의 질과 양을 고려한 명확한 책임과 역할이 부여되어야 하고, 과업의 결과에 대한 적절하고 공정한 보상이 있어야 하며, 결과물 창출을 위한 구성원 각자의 솔선수범이 필요하다고 하였다.

2 미국 프로 풋볼경기 만년 꼴찌였던 세인트루이스 팀을 슈퍼볼 우승팀으로 만든 감독

다시 말해 협력을 위해서는 공동체 이익과 가치 증대를 위한 명확한 목표와 공정한 업무 분배와 보상, 동반자적이고 수평적인 환경하에서의 자발적인 참여가 필수적으로 요구된다.

최진구(2014)는 협력을 위한 원천 요인으로 4가지를 주장하였다. 첫째, '공유된 조직목표'로, 팀 구성원들이 공동 목표를 인지하여 각자의 과업 방향성을 설정할 수 있어야 한다. 둘째, '명확한 역할과 책임' 부여로, 구성원 각각에게 과업의 기준과 범위를 명확하게 제공해야 한다. 셋째, '보상의 균형'으로, 구성원들에게 성과에 대한 보상을 공정하게 하여 스스로 동기부여가 될 수 있도록 해야 한다. 넷째, '솔선수범'으로, 조직의 목표 달성을 위해 구성원이 자발적이고 모범적으로 참여해야 한다.

이상과 같이 학자들의 견해를 토대로 볼 때 협력에는 다음과 같은 요소들이 필요하다.

1) 공유된 목표

협력이 이루어지기 위해서는, 첫째, 조직 목표의 공유가 선행되어야 한다. 조직의 목표를 팀 구성원 모두가 함께 인지하고 공유할 때 협력의 성과가 나타날 수 있다. 또한 목표 달성을 위해서는 세부적인 지침이 존재해야 하는데, 이는 각자에게 부여된 목표와 과업이 이루어짐으로써 조직 전체의 목표가 달성된다는 것을 알려줄 필요가 있기 때문이다.

한편 협력이 이루어지기 위해서는 초기 환경적 요인이 필요하다. 초기 환경적 요인이란 구성원들 간의 정보 공유이다. 협력은 구성원들 간 정보 공유와 목표 달성을 위해 함께 노력하는 과정이 순차적으로 이루어져야 달성이 가능하다.

이를 위해 조직의 리더는 구성원들에게 목표 공유를 위한 노력을 소홀히 해서는 안 된다. 리더의 역할이 협력의 성패를 좌우한다고 해도 과언이 아니다. 어떠한 리더가 조직이나 국가를 이끄느냐에 따라 그 성과가 달라짐을 우리는 인류의 역사를 통해 보아 왔다. 리더는 공동체의 목표와 과제를 구성원들이 함께 공유할 수 있도록 해야 하고, 조직과 구성원, 구성원들 간 활발한 의사소통이 이루어질 수 있는 환경을 조성해주어야 한다. 그래서 구성원들이 목표를 달성하는 과정에서 자유롭게 의견을 제시하고 협력의 방안을 함께 모색할 수 있어야 한다.

2) 명확하고 공정한 역할 분배 및 책임 부여

명확하고 공정한 역할 분배와 책임 부여를 위해서는 구성원 각자 담당해야 할 과업에 대한 구체적인 정의, 과업 완수에 제한된 시간, 책임에 대한 범위 등을 정확히 알리는 것이 필요하다. 공동의 목표를 완수하기 위한 구성원들 각자의 역할이 무엇인지를 명확히 인지하여 그 책임을 다할 때 협력의 성과가 나타날 수 있기 때문이다. 한편, 구성원 각자가 맡은 역할과 책임을 완수하는 데는 구성원들 간 신뢰 형성이 선행되어야 한다. 공동체 내의 다른 구성원들이 각자의 역할을 책임감 있게 수행하여 자신에게 피해나 손해가 오지 않을 것이라는 신뢰가 있어야 자신의 책임도 성실하게 완수하게 된다. 다른 사람들은 열심히 하지 않을 것이라는 불신 속에서 자기 혼자 최선을 다하다가 손해를 보고 싶은 사람은 없을 것이다. 구성원들 간 신뢰는 구성원 각자의 책임 완수에 영향을 미치므로 협력의 성과를 좌우하는 중요한 환경적 요인이다.

또한, 구성원들의 신뢰 형성에는 서로에 대한 이해와 활발한 상호작용이 결정적 역할을 한다. 구성원들의 신뢰는 서로를 정확히 이해하고 상호작용이 활발할 때 형성될 수 있으므로 서로에 대한 관심과 공동체의 목표 달성을 위한 참여가 신뢰 형성에 절대적으로 필요하다. 공동체 구성원들 간 신뢰는 능력이나 성과에 대한 신뢰뿐 아니라 서로에 대한 긍정적이고 호혜적인 마음을 갖는 정서적 신뢰도 포함된다. 정서적 신뢰란 구성원들이 서로에게 호의를 갖는 마음과 약속과 책임에 대한 믿음을 말하는 것으로, 공동체 구성원들 간 서로 약속을 지킬 것이며 이기적인 목적으로 행동하지 않을 것이라는 믿음이다. 이러한 정서적 신뢰가 없다면 자신의 이익 추구만을 위해 이기적인 삶을 살려는 개인주의가 만연하게 된다. 따라서 구성원들 간 감정적 유대를 강화하여 정서적 신뢰를 높여야 한다.

3) 보상의 균형성

보상이란 구성원들이 공동체에 제공한 노동이나 과업 수행에 대한 대가로 받게 되는 것이다. 이는 금품, 임금뿐 아니라 복리후생 등의 보상, 환경, 안정성과 같은 심리적 보상에 이르기까지 폭넓게 해석된다. 구성원들이 자발적으로 공동체의 목표 달성에 참여하고 협력할 수 있도록 하기 위해서는 보상이 분배, 절차, 상호작용 측면에서 공정해야 한다.

누구나 자신이 한 일에 대한 보상이 공정하지 못하다고 느끼면 협력을 거부하게 된다. 직장에서 자신이 한 일이나 역할에 비해 금전적 보상을 제대로 받지 못했다거나 학교에서 팀 프로젝트를 할 때 자신이 담당한 역할과 책임의 무게에 비해 좋지 않은 학점을 받았다면 누구나 불만이 생기게 되고, 이후부터는 협력에 부정적인 시각을 갖게 된다. 따라서 협력이 성공적으로 이루어지기 위해서는 무엇보다 노력과 결과에 대한 보상이 공정해야만 한다.

구성원들의 기회주의적인 행동 역시, 보상의 공정성에 어긋나는 것이므로 협력에 부정적 영향을 미친다. 기회주의는 자신에게 맡겨진 일에 대해 원칙적이고 책임감 있는 수행을 하지 않고, 그때그때의 상황에 따라 요령껏 눈속임으로 행동하는 것이다. 기회주의적인 행동을 하는 사람은 교활한 수법으로 자기 이익 추구를 위해 수단과 방법을 가리지 않으며 자신이 맡은 역할, 행동, 약속에 대해 묵시적 또는 명시적 위반을 한다. 파트너의 잠재적인 기회주의적 행동 경향은 협력적 관계 유지에 부정적인 영향을 미치게 되며, 기회주의적 행동을 보이면 보일수록 협업에 따른 결과는 더욱 나빠진다. 기회주의적인 구성원의 행동은 다른 구성원들의 협업 동기를 억제하고 불신과 불만을 생기게 하므로 조직이 성과를 내는 데 방해가 된다. 또한 목표 달성을 위해 노력을 기울이지 않은 구성원이 최선을 다한 사람과 동일한 보상을 받는다고 느끼면 조직에 대한 불신이 생긴다. 이러한 불신은 조직 내 갈등의 원인이 되기도 한다. 따라서 구성원들의 자발적인 협력과 참여를 유도하여 조직이 성과를 내기 위해서는 보상의 균형성이 반드시 고려되어야만 한다.

4) 구성원의 솔선수범

구성원의 솔선수범은 주어진 역할에 대한 자발성을 말한다. 즉, 조직의 일을 완수하기 위해 자발적인 의지로 참여하는 것이다. 협력은 구성원들 간 상호교류의 성격을 지니고 있으며, 조직 혹은 구성원들 간 다양한 요구에 대해 능동적이고 적극적인 형태의 대응을 나타내는 것이므로 구성원들의 솔선수범이 전제되어야만 그 성과가 크게 나타날 수 있다. 또한 구성원들의 자발적 행동인 솔선수범은 다른 구성원들의 행동에도 긍정적인 영향을 미치고, 상호작용이 활발할 수 있도록 돕는다.

구성원들의 솔선수범을 통해 활발한 상호작용이 이루어질 때, 협력의 관계가 형성 및 지속될 수 있고 성과를 낼 수 있다. 구성원들 간 상호작용이 원활하지 않다면 협력의 과정에서 발생할 수 있는 문제를 발견하기 어렵고, 결국 작은 문제가 큰 문제로 발전하도록 방치하는 결과를 초래한다. 어떠한 조직이든 갈등이 있게 마련이지만 이를 지혜롭게 해결한다면 갈등은 독이 아닌 약이 될 수 있다. 따라서 구성원들 간 활발한 상호작용을 통해 협력의 수행 과정에서 나타날 수 있는 문제를 조기에 발견하여 봉합할 수 있어야 한다. 이처럼 상호작용의 토대이자 갈등 해결의 해법이 될 수 있는 구성원 각자의 솔선수범은 협력에 있어 무엇보다 중요하다.

Activity 1

팀을 이루어 과업을 수행했던 경험을 떠올려 보고 힘들었던 점과 협력에 필요한 역량에 대해 적어 보세요.

팀 과업을 수행했던 사례

팀 과업을 하며 어려웠던 점

팀 과업 수행에 필요한 역량

팀 과업 수행에 필요한 역량을 키우기 위해 노력할 점

Activity 2

우리가 공동체 안에서 협력해야 할 대상은 매우 많습니다. 대상을 선정하여 그들과 소통하고 협력하기 위한 프로그램을 구상해 보세요.

협력할 대상 선정
(외국인 노동자, 북한이탈주민, 기성세대, 노인, 청소년 등)

각 대상이 우리 사회에서 겪는 어려움

대상의 특성 이해
(가치관, 행동 방식, 태도 등)

대상과 소통, 협력하기 위해 자신이 노력할 점

대상과 함께하는 프로그램 기획
(프로그램명, 시간, 방법, 효과 등을 구체적으로 구상)

Activity 3

기업, NGO 단체, 국제기구의 협력 사례를 찾아보고 자신이 동참할 수 있는 일에 참여해 보세요.

단체명

사업 혹은 프로젝트명

대상

목적

자신이 협력한 내용

동참 후 느낀 점

CHAPTER

10

감사와 행복

1. 정의

감사(感謝)는 '느낄 감(感)'과 '사례할 사(謝)'로 구성된 한자어로, 고마움에 대한 사례를 하는 것이다. 사례는 물질적인 것이나 언어, 인사, 마음 등이 모두 포함될 수 있다. 영어로는 'gratitude', 'thanks' 등의 단어가 쓰인다. 'gratitude'는 라틴어 'gratia(호의)'와 'gratus(기쁘게 함)'에서, 'thanks(감사하다)'라는 단어는 독일어 'thankoz(생각하다)'에서 유래되었다.

이와 같이 감사는 누군가의 마음과 배려 혹은 그 사람이 한 일에 대한 고마움을 기억하고 보답하고자 하는 생각에서 시작된다. 이러한 생각은 자신이 상대로부터 받은 도움을 인정하고 고마워하는 것으로, 상대의 존재나 행동, 발생된 사건이나 상황의 의미와 가치를 인정하는 것이다. 감사는 자신에게 나타난 여러 상황, 사건의 결과들에서 상대의 도움과 영향, 선의에 대해 알아차리는 긍정적 감정이며, 이를 타인에 대한 보답의 행동으로 표현하는 것이다.

감사의 대상은 비단 사람으로 한정되지 않는다. 특별한 대상이 없어도 감사할 수 있다. 다른 사람으로부터 받게 된 도움이나 호의에 대해 느끼는 감사 외에도 삶에 대한 긍정적인 느낌, 편안함 등에도 감사할 수 있다. 또한 자연, 눈에 보이지 않는 신에게도 감사할 수 있다. 따라서 감사의 대상이나 감사할 수 있는 상황은 매우 폭넓고 광범위하다.

노지혜와 이민규(2005)는 감사란 자신에게 이익을 준 특정 대상을 인식하고 느끼는 정서로, 적응적인 행동 경향성이라고 하였다. 특정 대상이란 다른 사람과 자기 자신, 비인격적 대상(자연, 예술 작품 등) 및 인간 이외의 것들(신, 동물, 우주 등)을 포함한다. 즉, 감사는 타인 외에도 자기 자신, 사물, 생명체, 우주, 신 등 많은 것들이 대상이 될 수 있다.

이상의 정의들을 살펴볼 때 감사는 타인, 자기 자신, 사물, 자신이 처한 상황이나 환경 등 어떤 것이든 대상이 될 수 있고, 그 대상에 대한 긍정적 인식, 자신의 마음 상태와 삶의 방향, 보답하고자 하는 행동, 긍정적인 언어 표현이나 태도 등으로 폭넓게 나타낼 수 있다.

SHARED VALUE 2. 감사 성향

학자들은 사람마다 감사를 느끼는 강도나 빈도에 차이가 있다고 말한다. 동일한 상황이라 할지라도 감사를 느끼는 사람이 있고 그렇지 못한 사람이 있다. 또한 감사를 느끼더라도 느끼는 강도 역시 사람마다 다르다. 이것은 감사 성향의 차이 때문이다. 감사 성향이 높은 사람은 감사의 범위가 폭넓고 강도는 강하며 횟수도 많다.

이러한 감사 성향은 귀인 방식(attribution style)에 따라 달라진다. 감사 성향이 높은 사람은 긍정적인 사건을 외부 상황이나 환경 혹은 타인에 의한 결과로 돌리는 경향이 있다. 이러한 귀인 방식을 가진 사람은 감사할 대상과 범위가 더 넓어진다.

또한 감사 성향은 습관이다. 인간에게는 분노, 짜증과 같은 부정적 정서와 감사,

행복과 같은 긍정적 정서가 모두 존재한다. 좋지 않은 일이 생겼을 때는 부정적 정서가, 좋은 일이 생겼을 때는 긍정적 정서가 나타나는 것이 당연한 현상이다. 그러나 모든 인간이 자신이 처한 환경에서 동일하게 반응하지 않는다. 사람은 누구나 자신만의 인지구조가 있기에, 동일한 상황도 다르게 바라보게 되고 해석도 다르게 한다. 누구는 부정적 상황에서도 긍정적인 해석을 하는 반면, 누구는 긍정적 상황임에도 부정적인 시각으로 바라본다. 즉, 부정적 정서를 자주 표출하는 사람에게는 안 좋은 일만, 긍정적 정서를 자주 표출하는 사람에게는 좋은 일만 자꾸 생겨서가 아니다. 이처럼 부정적 정서나 긍정적 정서의 표출은 환경에 의한 것이라기보다는 그 사람의 성향, 습관에서 귀인한다.

우리는 부정적 상황에서도 감사해야 하고 긍정적 시선으로 삶을 바라보는 것이 올바른 자세이자 성공에 이르는 태도임을 잘 알고 있다. 그러나 이성적으로 알고 있는 것을 삶에서 실천하기란 쉽지 않다. 사람은 이성적 판단으로 옳은 것을 추구하며 살기보다는 익숙하고 편한 대로 생활하려는 경향이 강한데, 감사의 감정도 예외는 아니다. 우리는 옳다고 생각되는 감정을 갖기보다 자신에게 익숙한 표준 감정대로 살려고 한다. 감정도 습관이기에 자신의 표준 감정대로 느낄 때 편안하기 때문이다.

누구나 표준 감정이 있고 그것은 곧 습관이 된다. 긍정적인 정서를 자주, 많이 느끼는 사람은 긍정적인 정서가 표준이 되고, 그 반대의 경우는 부정적 정서가 표준 감정이 된다. 부정적 정서가 표준 감정으로 습관화된 사람은 부정적 정서 표현을 자주 해야 편안하므로 작고 사소한 일에도 부정적 감정 표현을 많이 하게 되고, 긍정적 정서가 표준 감정인 사람은 긍정적 감정 속에 있어야 편안하기 때문에 감사와 같은 감정 표현을 더 자주 하게 된다.

이와 같은 맥락에서 본다면 감사할 상황이 생기지 않아 감사하지 못하는 것이거나 감사할 일이 많이 생겨 감사할 수 있는 것이 아니라는 것을 알 수 있다. 감사 역시 긍정적 정서이므로 자주 표현하다 보면 그것이 습관화되어 더 자주 할 수 있게 된다. 따라서 감사의 긍정 정서가 자신의 표준 감정으로 습관화될 수 있도록 노력해야 한다.

생각을 조심하라. 생각은 말이 된다.
말을 조심하라. 말은 행동이 된다.

행동을 조심하라. 행동은 습관이 된다.

습관을 조심하라. 습관은 성격이 된다.
성격을 조심하라. 성격은 운명이 된다.

– 프랭크 아웃로우(Frank Outlaw)

3. 부정적 정서를 다스리는 법

누구나 살면서 부정적 정서를 느낀다. 매사에 긍정적 정서만을 느끼며 사는 사람은 없다. 불편한 상황에서 인간이 부정적 정서를 느끼는 것은 당연하지만 우울, 불안, 분노와 같은 부정적 정서를 바람직한 방법으로 표출하지 않으면 자기 자신에게 심리적, 신체적으로 문제가 될 뿐 아니라 타인에게까지 좋지 않은 영향을 미치게 된다. 그뿐만 아니라 인간관계, 업무 수행 등에도 방해가 된다. 따라서 바람직한 방법으로 부정적 정서를 다스리고 긍정적 방향으로 표출하는 훈련을 해야 할 필요가 있다.

스탠퍼드 대학 미셸 박사(W. Mischel)는 653명의 네 살 유아를 대상으로 마시멜로 실험을 하였다. 네 살 유아들에게 마시멜로를 하나씩 나누어 주고 15분간 기다리면 마시멜로를 하나씩 더 주겠다고 이야기하여 유아들이 마시멜로를 먹지 않고 참도록 하는 실험이다. 15분이라는 시간은 네 살 유아들에게는 매우 긴 시간이었기에 실험 대상 유아들 중에는 기다린 유아도 있었고, 못 기다린 유아도 있었다. 간단한 실험이었지만 그 결과의 차이는 크게 나타났다. 15년 후 마시멜로를 먹지 않고 기다렸던 유아들과 기다리지 못하고 마시멜로를 먹었던 유아들의 삶은 매우 달랐다. 15분간 기다린 유아들은 학교나 가정에서의 삶이 우수했고, SAT 점수도 평균 210점이 높았으며, 부모의 평가도 훌륭했고, 성공한 중년의 삶을 누렸다. 반면 15분간 기다리지 못한 유아들은 비만, 약물중독, 사회부적응 등의 문제를 많이 겪고 있는 것으로 나타났다(De Posada & Singer, 2005). 이는 감정 통제가 삶에 미치는 영향력이 얼마나 큰지를 증명한 실험이다.

마시멜로 실험이 증명하듯이 인간에게는 자신의 감정을 적절히 통제할 수 있는 능력이 필요하다. 특히 부정적 감정을 긍정적인 방법으로 표출하는 지혜로운 통제 방법을 삶에 적용해야 한다. 부정적 감정을 긍정적으로 표출할 수 있는 방법은 여러 가지가 있다. 자신에게 가장 적합한 방법이 무엇인지를 생각하여 실천한다면 삶을 긍정적 방향으로 바꿀 수 있을 것이다.

1) 지혜롭게 발산해라

인간에게 커뮤니케이션은 부정적 감정을 해소하는 좋은 방법이다. 친한 사람, 마음을 터놓을 수 있는 사람에게 속상한 이야기를 하고 나면 속이 후련해지는 것도 같은 이치이다. 따라서 분노나 불안 등의 부정적 감정이 생겼다면 가까운 사람, 의지가 될 만한 사람에게 말하며 해소하는 것이 효과적이다. 단, 부정적 감정을 야기한 사람에게 말해야 할 경우라면 상대를 탓하거나 평가하기보다는 자신의 느낌과 감정 상태를 있는 그대로 표현해야 한다. 만약 털어놓을 대상이 마땅치 않다면 자신의 종교를 활용하는 것도 좋다. 기도나 명상 등의 방법으로 부정적 감정을 털어놓는 것도 지혜롭게 발산할 수 있는 하나의 방법이다. 이 외에도 운동하기, 음악 듣기, 걷기 등과 같이 자신이 좋아하거나 몰입 가능한 일로 부정적 감정을 해소할 수도 있으므로, 무엇을 할 때 행복해지고 스트레스가 풀리는지 자신의 취향을 스스로 찾는 것이 중요하다.

2) 생각을 정리해라

부정적 감정을 자주 표출하는 사람의 경우 본인의 감정인데도 타인이 오히려 더 잘 알아채기도 한다. 그래서 누가 보더라도 화가 나 있고 흥분해 있는데 본인만 그렇지 않다고 주장하는 상황이 생기는 것이다. 자신의 감정 상태에 대해 제대로 인지하지 못한다는 것은 스스로 다스리기 어렵다는 것을 의미하기도 한다. 따라서 부정적 감정을 다스리기 위해서는 자신의 감정 상태가 어떠하며 무슨 이유로 이러한 감정이 생기게 되었는지에 대해 생각해 볼 필요가 있다. 이때 자신의 감정을 글로 솔직하게 적어 보는 것도 좋은 방법이다. 글로 생각을 적다 보면 자신의 감정을 잘 이해하게 되고 그 과정에서 감정이 정리되어 부정적 감정이 해소되거나 문제를 바라보는 관점이 바뀔 수도 있다.

3) 진정기를 가져라

부정적 감정을 즉흥적으로 표출하는 사람들은 일시적인 화를 주체하지 못해서인 경우가 많다. 이 경우 즉각적인 감정 표출을 조금 미루는 노력으로 부정적 감정을 가라앉게 할 수 있다. 따라서 부정적 감정이 느껴졌을 경우에는 진정기를 갖는 것이 좋다. 부정적 생각에서 벗어나 일정 시간 조용히 있는 것이 마음을 진정시키는 데 도움이 된다. 혼자만의 시간을 가지며 차를 마신다거나 음악을 듣는 등의 진정기를 가지면 차분함을 회복할 수 있다. 감정 표현을 잠시 멈추는 STOP기법은 부정적 감정을 가라앉히고 상황을 긍정적으로 바라보게 하는 좋은 방법이다.

4) 긍정적 생각으로 바꾸어라

빅터 프랭클(Viktor Frankl)은 2차 세계대전 당시 유대인이라는 이유로 끌려가 포로수용소 생활을 했다. 그는 수용소 생활을 하며 깨달은 내용을 토대로 '로고테라피(의미요법)'를 발표하게 되었다. 다른 포로들은 수용소에서의 고문, 강제 노동 등으로 힘들어했지만 빅터프랭클은 자유가 없는 삶 속에서도 의미를 찾으려 노력했다. 포로이기에 행동은 지배당할 수 있어도, 생각만큼은 자신의 것이라는 판단으로 살아야 할 의미를 부여하며 버텼다. 그는 포로수용소에서의 경험을 토대로 인간이 '왜 살아야 하는지'를 알면 어떤 상황에서도 버틸 수 있지만, 삶의 의미를 내려놓고 나면 무너져 버릴 수밖에 없다는 깨달음을 얻었다고 하였다. 또한, 사람은 어떠한 최악의 조건에서도 삶의 '의미'를 찾을 수 있는 존재임을 강조하였다(지식채널e, 2016. 2. 12.).

빅터 프랭클이 말한 바와 같이 인간은 어떠한 상황에서든 삶의 의미를 부여할 수 있는 존재이다. 삶의 의미를 부여하게 되면 부정적 사건을 바라보는 시각이 바뀌게 되고, 어려운 상황을 극복하는 힘이 생기게 된다. 따라서 좋지 않은 상황에서 긍정적 의미 부여로 생각을 바꾸는 것은 부정적 감정을 다스릴 수 있는 좋은 방법이다. 타인이나 주변 환경에 의해 자신의 감정과 행동이 지배받지 않도록 관리해야 한다. 성공한 사람들은 좌절이나 실패를 경험하지 않은 사람들이 아니다. 그들에게도 어려운 상황이 있었지만 지혜롭게 극복한 결과 성공적인 삶을 살 수 있었다는 것을 기억하고, 삶 속에서 접하게 되는 부정적 상황을 긍정적 시각으로 바라보고 의미를 부여하는 지혜를 발휘해야 한다.

> 내면의 본질에 삶의 가치를 두고
> 자신에게 한 발짝 타협할 수 있는 공간을 마련해 두어라.
> 그대를 절벽 끝으로 내모는 것은
> 상황이 아니라 바로 당신 스스로이다.
>
> – 빅터 프랭클(Viktor Frankl)

5) 자신의 생활을 관리하라

사람은 스트레스를 받는 상황에서 부정적 감정이 더 자주, 심하게 생긴다. 따라서 부정적 감정 발생을 최소화하기 위해서는 자신의 일상을 스트레스 받지 않는 상황으로 만드는 것이 좋다. 보통의 경우 사람들은 타인과 경쟁해야 하는 상황에서 스트레스를 심하게 받는다. 타인과 지나치게 비교하고 경쟁하는 삶은 편안하고 안정적인 감정보다는 불안하고 불편한 감정을 유발한다. 따라서 타인과 비교하기보다는 자기 자신과 비교하는 것이 합리적인 방법이다.

자기 자신과의 비교란 작년의 자신보다, 지난달의 자신보다 나아졌는지, 노력 후 자신이 얼마나 성장하였는지 등을 비교해 보는 것이다. 비교는 인간의 본능이다. 비교의 본능이 있기에 인간이 더 발전하고 성장할 수 있었는지도 모른다. 비교의 본능을 지혜롭게 활용한다면 자신을 성장시킬 수 있으나 잘못 활용하면 자신에게 독이 될 수 있다. 부정적인 감정이나 열등감 없이 자신을 성장시킬 수 있는 합리적인 비교는 바로 자기 자신과 하는 것이다.

사람이 스트레스를 받는 또 다른 경우는 예측 불가능한 돌발적인 상황이 생겼을 때이다. 누구나 스스로 결정할 수 없는 일을 해야 하거나 통제가 어려운 상황에 처했을 때 극심한 스트레스를 느낀다. 직장인들이 스트레스를 많이 받는 이유 중 하나가 예측하지 못했던 업무 할당과 스스로 통제하기 어려운 업무 수행 때문이다. 특히 직급이 낮을수록 자신이 스스로 통제할 수 있는 업무의 범위가 적고, 상사로부터 갑작스럽게 주어지는 업무의 양이 많기 때문에 그 스트레스는 더욱 클 수밖에 없다. 따라서 자신이 할 일을 메모하는 습관, 계획적이고 규칙적인 생활 등으로 삶을 예측 가능하게 만드는 것이 부정적 감정 발생을 줄이는 방법이다.

앞서 제시한 여러 가지 방법으로 자신의 부정적 감정을 통제하는 것이 감사의 삶을 사는 방법이다. 감사하는 삶은 크고 거창한 일로 자신의 환경을 변화시키는 것이 아니라 자신의 감정을 다스리는 작고 사소한 일에서부터 시작한다.

깨진 유리창 법칙이란 작고 사소한 문제를 방치하면 큰 문제로 이어진다는 것을 의미하는데, 깨진 유리창 법칙에서는 100-1=99가 아닌, 100-1=0으로 본다. 작고 사소한 하나를 놓치면 전체를 놓치는 것과 같다는 의미이다. 따라서 자신의 감정을 다스리는 작고 사소한 것을 놓쳐 인생을 불행하게 만들지 않도록 노력해야 한다. 스스로의 감정을 다스리고 작고 사소한 일에도 감사할 줄 아는 것은 자신의 삶을 행복하게 만드는 전부라고도 할 수 있다.

> 커다란 문제 속에는
> 언제나 작은 문제들이 있다.
>
> 깨진 유리창과 같은 작은 허점을 방치하면
> 더 큰 병리가 진행된다.
>
> – H. 하울리(H. Hawley)[1]

4. 감사에 필요한 요소

감사에는 내적인 경험과 의지, 외적인 행동 표현이 모두 필요하다. 감사가 이루어지기 위해서는 내적으로 고마움과 호의를 느끼는 경험이 우선되어야 하고, 감사의 대상에게 자신이 느낀 고마움과 호의에 대한 표현이나 보답을 해야겠다는 의지를 갖는 것이 뒤따라야 한다. 또한 내적 경험과 의지는 외적인 반응인 행동 표현으로 옮겨져야 한다. 외적인 반응인 행동 표현은 상대에게 감사의 마음을 표현하겠다는 의지를 실행으로 옮기는 것이다.

감사의 내적 경험과 의지, 외적 행동 표현에는 다음과 같은 요소들이 필요하다.

1) 민감성

동일한 상황이나 환경에서도 감사를 느끼는 사람이 있는가 하면 그렇지 못한 사람도 있다. 상대방의 마음을 읽고 적절히 반응할 줄 아는 능력도 사람마다 다르듯이 감사를 느끼는 민감성도 사람마다 다르다.

1 미국 경영학자

감사를 느끼기 위해서는 자신에게 긍정적인 결과가 생긴 것을 인식하고, 긍정적 결과를 가져오는 데 자신 이외의 외부 자원이 있다는 것을 깨닫는 민감성이 있어야 한다. 길 모서리에 소박하게 피어 있는 꽃을 보고 감탄할 줄 아는 사람과 무심코 지나치는 사람이 있듯이, 감사를 느끼기 위해서는 삶 속에서 놓치기 쉬운 이익이나 축복을 발견할 줄 아는 민감성이 무엇보다 필요하다.

2) 긍정성

사람마다 감사를 느끼는 기준은 다 다르다. 어떤 사람은 최고급 자동차가 있어도 불평하고 어떤 사람은 소형 자동차를 가지고도 감사한다. 수백 억의 돈이 있어도 적다고 생각하는 사람이 있고, 백만 원만으로도 감사하는 사람이 있다. 심지어 한쪽 다리를 잃고도 나머지 한쪽 다리가 무사함을 감사하는 사람도 있다. 이처럼 감사할 수 있는 상황과 기준은 사람마다 다 다르다. 감사의 삶을 살기 위해서는 긍정적으로 삶을 해석하는 능력, 자신이 가진 것에 의미를 부여할 줄 아는 능력이 필요하다. 자신에게 생긴 일이나 자신이 처한 환경을 긍정적인 시각으로 바라볼 줄 알고, 고마움과 기쁨으로 의미를 부여하여 반응할 줄 아는 긍정성이 곧 감사의 성향이다.

3) 적극성

감사의 대상이 자기 자신, 자연, 신이라면 감사의 표현은 마음만으로 충분할 수 있다. 그러나 그 대상이 사람이라면 마음만으로는 부족하다. 사람은 상대의 마음을 저절로 읽을 수 있는 존재가 아니기 때문이다. 만약 타인이 자신에게 긍정적 영향을 미쳤고 그것을 감사로 상대에게 알리고 싶다면 말, 행동, 물질적 보상 등으로 표현해야 한다. 자신만의 생각, 느낌에서 멈추지 않고 외적인 행동으로 타인에게 알리는 것이 감사의 표현이다. 자신에게 일어난 환경이나 상황을 타인의 공으로 돌릴 줄 아는 마음과 그것을 상대에게 표현하는 적극성이 감사인 것이다.

마음이 있다고 해도 행동으로 실천하는 데에는 또 다른 노력이 필요하다. 그렇기에 감사를 실천하기 위해서는 자신이 느낀 감사의 마음을 적극적으로 표현하여 상대에게 알리려는 노력이 수반되어야 한다.

> 오늘 나는 행복한 사람이 될 것을 선택하겠다.
> 행복은 하나의 선택이다.
> 나는 어떤 상황에서도 나의 삶에 감사하겠다.
>
> – 안네 프랑크(Anne Frankhuis)

5. 감사의 영향력

감사는 삶을 살아가는 데 여러 측면에서 긍정적 영향을 미친다. 특히 감사를 자주 느끼고 표현하는 사람은 삶의 만족도가 높은 것으로 알려져 있다. 감사가 삶의 만족도에 긍정적 영향을 미치는 이유는 다음과 같다.

1) 행복감 증진

감사하는 사람은 삶 속에서 긍정적 경험들을 더 많이 음미한다. 긍정적 경험의 음미는 곧 삶의 만족도와 행복감에 영향을 준다. 탈무드에 "가장 지혜로운 사람은 배우는 사람이고 가장 행복한 사람은 감사하는 사람이다."라는 문구가 있다. 아리스토텔레스도 "행복은 감사하는 사람의 것이다."라고 하였다. 이처럼 감사와 행복은 뗄 수 없는 필수불가결한 관계이다.

> 사람이 얼마나 행복한가는
> 그의 감사함의 깊이에 달려 있다.
>
> – 존 밀러(John Miller)

2) 자아존중감 향상

사람들은 자신이 가진 것에 감사하기보다 자신에게 없는 것에 불평하곤 한다. 타인과의 비교로 자신이 가지지 못한 것에 집중하다 보면 감사의 삶을 살기 어렵다. 타인과의 비교를 줄이기 위해서는 자신이 가진 것에 주목할 필요가 있다. 타인과의 비교를 억제하고 가진 것에 감사하다 보면 자신이 얼마나 많은 것을 이루었고 누리고 있는 것이 많은지를 깨닫게 된다. 이러한 깨달음은 스스로를 더욱 가치 있게 평가하게 하므로 자신감이 생기고 자존감 역시 높아지는 것이다.

3) 부정적 경험의 감소

감사하는 사람들은 주변 환경에서 긍정적인 의미를 찾는 능력이 뛰어나다. 일상에서 발생할 수 있는 부정적인 경험을 긍정적으로 재해석하고, 부정적 감정을 덜 지속시키는 능력도 가지고 있다. 따라서 감사하는 사람들은 부정적 감정보다는 긍정적 감정 속에 더 자주, 더 오래 있게 된다. 이것이 감사하는 사람들이 삶 속에서 행복감을 더 많이 느끼는 이유이다.

4) 도움 행동의 촉진

인간의 행동은 마음가짐에서 동기화된다. 누군가에게 감사의 마음을 갖게 되면 자신도 그에게 보답해야겠다는 마음이 생기게 마련이다. 이러한 마음은 상대에게 도움이나 기쁨을 주는 행동으로 이어지도록 동기부여를 한다. 자발적 동기부여는 도움 행동을 촉진하는 원동력이다.

감사의 대상에게 표현하는 도움 행동은 선한 영향력으로 이어져 이웃, 낯선 사람들에게까지 확대될 수 있다. 감사의 마음을 행동으로 표현했을 때의 뿌듯함과 행복을 느껴 본 사람들은 주변 사람들의 고통을 위로하고 도움을 주고 싶어 한다. 이러한 선한 영향력이 도움이 필요한 여러 사람들에게 봉사와 배려의 행동으로 나타나게 되는 것이다. 이처럼 감사의 마음은 상대방, 이웃, 사회로 확대되어 도움 행동을 촉진시킨다.

5) 돈독한 인간관계 형성

인간관계는 상대적이다. 마음, 말, 행동 등 다양한 소통 수단을 통해 균형 잡힌 상호작용이 있을 때 그 관계가 유지될 수 있다. 자신이 상대에게 베푼 행동이나 마음이 있다면, 그에 대한 상대의 긍정적 반응이 있어야 더 깊은 관계로 발전하게 된다. 상대로부터 아무 반응이 없는데도 일방적으로 베풀기만 하는 사회적 관계는 거의 없다. 따라서 상대의 호의에 감사할 줄 아는 태도는 돈독한 인간관계 형성에 필수적 요소이다. 감사하는 사람들은 상대로부터 받은 고마움에 대한 자신의 감정을 적극적으로 표현한다. 이러한 감사의 표현은 다시 상대의 긍정적 반응을 유도하게 하므로 서로의 관계는 더욱 돈독해진다. 즉, 감사를 자주 표현하는 사람들의 인간관계는 더욱 발전하게 되고 친밀해진다.

6) 쾌락 적응의 감소

쾌락 적응이란, 처음에는 기쁨을 주던 것들이 시간이 지날수록 당연한 것으로 여겨져 더 이상 기쁨을 느끼지 못하게 되는 것을 말한다. 사람들은 호의적인 상황에 반복적으로 노출되면, 그 상황에 적응하여 처음 경험한 정도만큼의 만족도를 느끼지 못하고 당연한 것으로 여긴다. 그러나 감사하는 사람들은 생활 속에서 지속적이고 반복적으로 의미를 부여하며 감사할 상황을 찾기 때문에 쾌락 적응의 효과를 감소시킨다.

즉, 감사 성향이 높은 사람들은 일상생활에서 단순하고 작은 기쁨의 진가를 인정한다(Watkins, 2014). 또한 좋은 것들을 당연하게 여기지 않는 특성을 가지고 있기 때문에(Emmons, 2012), 빈번한 만족, 행복, 희망과 같은 긍정 정서를 자주 경험하게 된다(Froh, Kashdan, Ozimkowski, & Miller, 2009).

> 행복은 언제나 감사의 문으로 들어와서
> 불평의 문으로 나간다.
> 조심하라.
> 불평의 문으로 행복이 새나간다.
> 기억하라.
> 감사의 문으로 행복이 들어온다.
>
> – 서양 속담

Activity 1

자신이 감사해야 할 것에 대해 생각해 보세요. 자신의 신체, 재능, 환경, 인간관계 등 어떤 내용이든 좋습니다. 여러 번에 걸쳐 작성해도 좋습니다. 가능한 한 많이 적어 보세요.

내가 감사해야 할 것	
1	
2	
3	
4	
5	
6	
7	
8	
9	
10	
11	
12	
13	
14	

	내가 감사해야 할 것
15	
16	
17	
18	
19	
20	
21	
22	
23	
24	
25	
26	
27	
28	
29	
30	

Activity 2

감사 일기를 일주일간 작성한 후 그 소감을 적어 보세요. 일기를 적는 형식은 감사의 내용과 이유를 쓰고, '~해서 감사합니다.'로 마무리합니다.

일차	날짜	감사 일기
1		
2		
3		
4		

일차	날짜	감사 일기
5		
6		
7		
감사 일기를 쓰고 난 후 느낀 점		

Activity 3

자신이 감사해야 할 대상을 생각해 보고, 그들에게 감사의 표현을 해 보세요. 대상은 가족, 친구 등 지인이어도 좋고, 택배 기사, 경비원 등 가까운 사람이 아니어도 상관없습니다. 감사 표현 방식은 선물, SNS를 활용한 인사말 등 어떤 것이든 좋습니다.

대상

감사하고 싶은 내용

감사 실천 계획

감사 실천 내용

감사 행동 실천 후 느낀 점

Activity 4

일주일 중 3일을 골라 다음과 같은 방식의 말과 행동에 집중하여 일상을 적고 느낀 점을 써 보세요.

날짜	방식	자신의 상황에 적용하여 적어 보기
월 일	기분 나쁜 말과 행동에 집중해 보기 예: '지하철을 놓치는 바람에 학교에 지각을 했어요.', '하필 실력 없는 사람이랑 같은 팀이 되어 짜증이 나.', '오늘따라 택배는 왜 이리 안 오는 거야?'	
월 일	감사를 표현하는 데 집중해 보기 예: '길가에 핀 예쁜 꽃을 볼 수 있어 행복했어요.', '우연히 들어간 식당이었는데 음식이 너무나 맛있었어요.', '나를 도와준 친구가 있어 너무 감사해요.'	
월 일	일상적인 말과 행동에 집중해 보기 예: '오늘 수업을 들었다.', '오늘 집에 오는 길에 우유를 샀다.', '집 정리와 청소를 했다.'	
느낀 점	같은 일상이지만 집중하는 방식에 따라 마음과 태도, 행복 인지 여부 등 자신에게 어떤 차이가 나타나는지를 생각해서 적어 보세요.	

Activity 5

자신이 자주 쓰는 말을 적어 보세요. 적은 말을 긍정적 언어와 부정적 언어로 나눈 후, 부정적 언어를 긍정적 언어로 바꾸어 보세요.

자신이 자주 쓰는 말

부정적 언어	긍정적 언어

부정적 언어를 긍정적 언어로 바꾸어 보기

CHAPTER

11

나눔과 절약

1. 돌봄과 나눔의 의무

아리스토텔레스는 시민으로서의 인간은 공동체에 적극 참여하고 헌신해야 하는 존재라고 하였다. 따라서 사회적 존재인 인간이 그들이 속한 공동체에 무관심한 것은 곧 온전한 인간으로서의 삶을 포기하는 것과 같다고 하였다. 즉, 공동체 문제에 관심을 갖고, 공동체 내에서의 역할에 충실한 삶을 살아가는 것이 사회적 존재로서의 본성에 부합하는 것임을 강조한 것이다.

우리는 지구촌이라는 하나의 공동체 속에서 살고 있다. 지구촌 공동체의 구성원이라면 기아와 질병으로 고통받는 사람들, 종교 분쟁, 정치적 문제 등으로 국가를 잃은 난민 등 돌봄과 배려가 필요한 대상에게 관심을 가져야 한다. 인류가 당면한 문제에 관심을 갖고 함께 행복을 나누기 위해 노력하는 것이 온전한 인간으로서의 책임이자 의무이기 때문이다.

인간은 타인에 대한 관심과 흥미를 가지고 공동체에서 더불어 살아야 하는 존재이므로 인간의 본성은 사회적 관심에 의해 주로 동기화된다. 사회적 관심이란 타인의 이익에 관심을 갖는 것, 공감하고 돕는 것, 이타적으로 행동하는 것, 타인과 협력하고 조력하는 것 등을 말한다.

아들러(Adler, 1924)는 사회적 관심이 정신건강과 매우 관련이 깊다고 하였다. 그에 따르면 정신질환자들이나 신경증 환자, 중독자, 범죄자 등은 사회적 관심이 부족한 반면, 심리적 안녕감과 자기효능감 등이 높은 사람은 사회적 관심이 높다고 한다. 이처럼 인간은 사회적 관심을 가지고 사회의 일원으로서 활동하고 공헌할 때 진정으로 행복해질 수 있는 존재이다.

사회적 관심은 세 단계로 발달한다. 첫 번째 단계는 타고난 기질의 측면이다. 공감능력이 뛰어난 사람, 배려심이 많은 사람들은 기질적으로 사회적 관심을 높게 타고난 경우가 많다. 따라서 타고난 기질이 다르듯 사회적 관심의 정도에도 개인차가 있다. 두 번째 단계는 타인을 이해하고 공감하며 협동과 기여를 할 수 있는 사회적 능력을 의미한다. 이러한 능력은 교육, 훈련 등의 개인적 노력으로 기를 수 있다. 세 번째 단계는 일반적인 태도로 다른 사람과의 협동을 소중하게 여기고 사회적 이익을 위해 헌신하려는 의지를 의미한다(권석만, 1995). 이처럼 인간은 타고난 기질인 사회적 관심을 교육과 훈련을 통해 강화시켜 지속적인 실천으로 이어지도록 해야 한다.

현재 지구촌에는 빈곤, 질병 등으로 어려움을 겪고 있는 사람들이 무수히 많다. 문제는 그들이 어려움을 겪는 원인이 개인으로부터 야기된 것이 아니고 개인의 의지와 노력으로 해결할 수 없는 특성을 가지고 있다는 사실이다. 그들은 아무 잘못 없이 굶주림, 목마름, 질병과 사투를 벌여야 하는 국가에서 출생했다는 이유 하나만으로 하루하루 생명을 유지하기 위해 몸부림치고 있다. 이러한 고통은 개인이 아무리 노력하고 성실하게 생활한다고 해도 쉽게 해결될 수 있는 문제가 아니다. 지구촌의 모든 구성원이 출생 시부터 평등하고 공정한 환경을 부여받고 태어나는 것이 아니다. 개인이 꾸준히 노력하고 성실하게 생활했음에도 빈곤과 질병으로부터 탈출하기 어려운 상황에 놓일 수밖에 없는 구조적 문제가 있다면 한 개인, 특정 국가의 책임으로만 돌려서는 안 된다. 더 나은 환경에서 태어나 거져 주어진 혜택을 보다 많이 누리고 사는 사람들이 그들의 문제에 관심을 갖고 돕는 것이 세계 시민으로서의 당연한 책임이다.

2020년 노벨평화상은 유엔 세계식량계획(WFP)이 수상하였다. 그동안 WFP는 전쟁, 내전 등으로 굶주리고 고통받는 사람들을 위해 헌신해 왔고, 그 결과 전 세계 많은 사람의 생명을 구했다. 한때 우리나라도 식량을 원조받아야 할 만큼 어려운 국가였다. 전쟁으로 인해 한 끼 배를 채우기도 어려울 때 우리는 세계 여러 나라의 따뜻한 손길로 다시 일어설 수 있었다는 사실을 잊어서는 안 된다. 현재 우리나라는 식량을 원조받던 나라에서 식량을 지원하는 공여국이 되어 있다. 한국은 WFP와 협력하여 굶주림으로 고통받는 사람들에게 희망을 주기 위해 노력하고 있다. 그러나 이러한 노력은 국가적 차원의 지원으로만 끝나서는 안 된다. 인간의 생명과 존엄성을 지키기 위한 식량 나눔 사업이 목표를 달성하기 위해서는 구성원들의 관심과 긴밀한 협조와 동참이 필요하다. WFP를 비롯한 여러 구호 단체에서는 다양한 기부 방법을 마련하여 세계 시민의 동참을 호소하고 있다. WFP에서는 '식량은 평화로 가는 첫걸음입니다', '비운 만큼 더하는 마음 for Zero Hunger'라는 슬로건를 걸고 세계 시민들의 관심과 지지를 호소하고 있다. WFP에서 만든 '마음공기'의 하단에는 분홍색의 작은 하트가 있다. 하단에 볼록 올라온 부분은 아프리카와 중동의 9세 아동이 먹는 한 끼 식사량인 120g을 의미한다고 한다. 우리가 사용하는 어른 밥 숟가락 하나 정도의 양이면 굶주린 아이들의 한 끼가 될 수 있는 것이다. 우리에게는 적은 양이지만 누군가에게는 생명을 구할 만큼 중요한 역할을 한다.

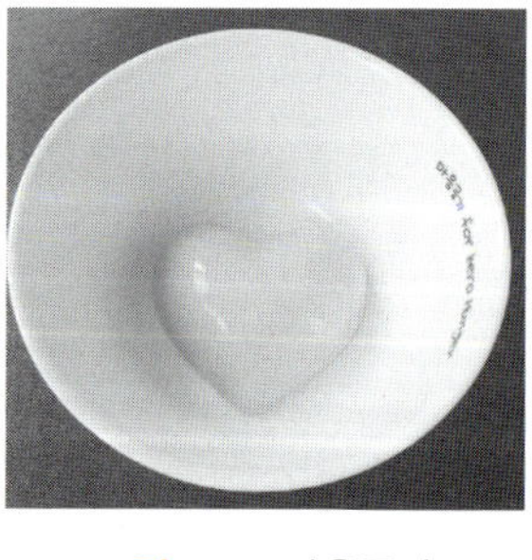

그림 11-1 마음공기

이와 같이 나눔은 절대 어려운 일이 아니다. 조금만 관심을 가지고 주위를 둘러보면 우리가 직접 그들을 도우러 가지 않아도 손쉽게 사랑을 나눌 수 있는 방법은 너무나 많다.

코로나19 팬데믹을 겪으며 전 세계적인 연대와 협력이 얼마나 중요한지를 우리는 배웠다. 식량 문제, 물 부족 문제 등을 해결하는 데에도 국제 사회의 지속적인 협력과 참여가 절실히 필요하다. 우리는 대한민국의 국민으로서, 세계 시민으로서 인간의 생명을 구하는 중요한 현안에 대해 적극 협조해야만 한다.

만물의 영장인 인간은 뛰어난 능력으로 인류 발전을 이루어 왔다. 이렇듯 무한한 가능성과 능력을 가졌지만 혼자서는 살 수 없는 취약하고 의존적인 존재이다. 인간의 능력이 아무리 뛰어날지라도 타인의 돌봄 없이는 살 수 없다. 출생부터 생을 마감할 때까지 인간은 끊임없이 돌봄을 필요로 한다. 인류가 해결해야 할 기후 변화, 지구 온난화, 생태계 파괴 등 인류의 미래를 위한 문제들 역시 세계 시민 모두가 참여해야 해결될 수 있다. 그렇기에 인간은 서로에게 관심을 가져야 하고, 우리가 살고 있는 지구촌 문제 해결에 동참해야 한다. 인류가 행복하게 살기 위한 돌봄의 책임은 우리 모두에게 있다.

나눌 수 없을 만큼 가난한 사람은 없다. 시간이 있는 사람은 시간을, 돈이 있는 사람은 돈을, 재능이 있는 사람은 재능을, 그 어느 것도 없는 사람은 응원과 격려, 공감의 마음을 나누면 되는 것이다.

WFP World Food Programme wfp.org

그림 11-2 세계식량계획(WFP) 2020년 노벨 평화상 수상

SHARED VALUE

2. 나눔의 특성

나눔이라는 것은 일반적으로 어려운 대상에게 베푸는 수혜적인 행위이자 타인의 이익을 위한 행위이다. 나눔은 여러 가지 의미를 내포하고 있는데 기부(giving), 관용(tolerance), 자선(charity), 독지(philanthropy) 등의 다양한 용어로 쓰인다. 따라서 나눔은 타인을 향한 관용, 타인의 행복과 웰빙을 위한 자선, 기부 등의 다양한 노력을 포함한다. 타인에 대한 관심, 상호작용, 공익을 위한 의미 있는 활동 등으로 나타날 수 있는 나눔은 건강한 공동체를 만들고 유지하는 데 중요한 역할을 한다. 나눔은 다음과 같은 특성을 가지고 있다.

1) 비전과 신념

나눔은 인간애에 기반한 평등과 사랑의 가치를 알고 실천하려는 마음을 표현하는 행동이다. 따라서 나눔의 주체인 개인이나 단체는 평등과 사랑의 가치를 실현하고자 하는 비전과 신념이 있어야 한다. 이러한 비전과 신념은 지구촌이 가지고 있는 문제를 해결하고, 인류가 지속적으로 발전하고 행복을 유지하는 데 밑거름이 된다. 요컨대, 나눔은 평등과 사랑의 가치를 실현하고자 하는 비전과 신념에서 출발하는 것으로, 지구촌이 가지고 있는 문제에 대한 관심, 어려운 이웃을 돕는 적극적인 행동, 인류 발전에 대한 투자로서의 기부 등으로 표현된다.

2) 자발성, 무대가성

나눔은 자발성과 무대가성을 가지고 있다. 타인의 강제에 의한 나눔은 진정한 나눔이라고 할 수 없다. 진정한 나눔은 직접적인 혹은 상호호혜적인 교환이나 등가적 대가를 바라지 않는다. 나눔을 실천하는 사람들은 자발적 의지로 타인에게 도움을 베푼다. 진정한 나눔은 행위에 대한 대가를 기대하기보다는 나눔 자체에 만족감을 느끼고 의미를 부여하는 자발적인 행위이다.

3) 폭넓은 범위

나눔은 타인의 복지 향상과 공익을 위해 사회적, 경제적으로 가치 있는 자원을 제공하는 일 또는 호혜적 행위이다. 인간은 혼자 살 수 없는 존재이며, 태어나서 죽을 때까지 타인의 도움과 보살핌을 필요로 하기에, 서로 나누고 도움을 주고 받아야만 잘 살 수 있다. 나눔이 필요없는 사람은 없다. 생계 유지를 위해 경제적 도움을 필요로 하는 사람들이 있고, 외로움을 달래기 위해 정서적 도움을 필요로 하는 사람들도 있다. 이렇듯 인간은 누구에게나 부족한 점이 있고, 주변 사람들의 도움으로 그 부족함을 채우며 살아야 한다. 행복하게 살기 위해서는 다른 사람을 위해 자신의 어깨를 내어줄 수도 있어야 하고, 다른 사람에게 손을 내밀어 도움을 요청할 줄도 알아야 한다. 인간이 서로 나누어야 할 것은 매우 많기 때문이다. 즉, 재화, 재물 등과 같이 보이는 것만이 아닌, 시간, 재능, 생각, 마음 등 보이 않는 것까지 모두 나눌 수 있다.

4) 상호성, 공유성

나눔은 상호적·공유적 성격을 가지고 있다. 나눔은 이타적인 목적 또는 공공을 위한 목적을 가지고 부족한 누군가에게 일방적으로 주는 것이라고 생각하기 쉽다. 물론 도움이 필요한 이웃에게 보살핌의 손길을 보내는 것이라는 측면에서 본다면 주는 것이 당연하다. 그러나 나눔을 통해 받게 되는 것도 많다. 사람은 생각하고 느끼는 존재이기에 타인의 말이나 행동에 반응하기 마련이다. 도움을 받은 사람은 마음이든 말이나 행동이든 어떤 방식으로든지 고마움을 표현하게 된다. 상대로부터 고마움의 표현을 받게 되면 베푼 사람의 행복은 더 커지게 된다. 혹은 상대로부터 돌아오는 대가가 없어도 나눔은 행동 그 자체로 뿌듯함과 보람을 느끼게 해 준다. 남을 위해 베풀고 나누는 사람들이 오히려 자신이 얻은 것이 더 많다고 행복해하는 것을 보면 나눔은 주는 사람과 받는 사람 모두에게 득이 된다. 이처럼 나눔은 상호성과 공유성의 특성을 가지고 있다.

5) 사회적 자본

물질 자본과 인적 자본에 이어 사회적 자본은 제3의 자본이라 불린다. 사회적 자본은 무형의 자산으로, 사회적 연결망 속에서 발생한다. 이는 서로의 상호작용과 협력 방식에 영향을 미쳐 개인이나 집단에게 이익을 주는 것이기에 나눔의 공유가치는 사회적 자본에 포함될 수 있다.

> 우리는 일함으로 생계를 유지하지만
> 나눔으로 인생을 만들어 간다.
>
> – 윈스턴 처칠(Winston Churchill)

3. 나눔의 요소

나눔은 목적, 주체, 매개(수단)의 세 가지 요소로 구성된다.

1) 목적

나눔은 특별한 대가를 바라지 않는다. 어려운 이웃들을 향한 관심과 사랑에서 출발하는 나눔은 그들을 돕는 인류애에 가치를 둘 뿐이다. 따라서 '자발성'에 기초한 나눔은 이타성과 공익성을 목적으로 한다. 즉, 나눔은 '어떤 대가를 바라지 않는 이타적이며 공익적 활동'이다.

2) 주체

나눔의 주체는 개인, 단체가 될 수 있다. 또한 누군가에게 일방적으로 '주는 것(give)'뿐만 아니라 상대와 함께 '나누는 것(sharing)'을 의미하기에 나눔을 주고받는 개인이나 단체 모두가 주체가 된다.

3) 매개(수단)

나눔의 매개(수단)는 사회적·경제적 가치가 있는 자원으로 폭넓게 정의될 수 있다. 따라서 현금, 현물, 시간, 재능, 가치 등과 같은 유형 또는 무형의 자원을 모두 포함한다. 나눔은 물질이나 시간, 재능을 나누는 것 이상의 의미를 지니고 있는 '관계적' 개념으로, 그 매개(수단)는 매우 다양하다.

4. 나눔의 범주

보건복지부는 2021년 12월 18일, 나눔 문화 확산을 목적으로 나눔기본법 제정안을 입법 예고하였다. 아직은 법률로 최종 공포되지는 않았지만 나눔에 관한 기본 원칙과 정부의 정책 방향을 설정하고, 나눔 실천자의 권리와 예우 등을 인정할 근거를 마련하였다는 점에서 의의가 있다. 이러한 사회적 관심과 정책적 노력이 모여 나눔의 사회적 기반이 구축되고 나눔 문화가 활성될 수 있을 것이다.

「나눔 기본법」에서는 나눔을 물적 나눔, 인적 나눔, 생명나눔의 범주로 구분한다.

1) 물적 나눔

물적 나눔이란 현금, 주식, 물품 등 가치를 환산할 수 있는 유형의 나눔을 말한다.

물적 나눔은 자신의 소득이나 자산을 기부하는 현금기부, 물품이나 식품 등을 기부하는 물품기부, 어려운 상황에 처했을 때 서로 돕고 나누는 상호부조로 분류할 수 있다. 예부터 우리 조상들은 나눔의 가치를 삶 속에서 실천하여 왔다. 특히, 마을 공동체를 이루어 살며 일상생활 속에서 상호부조의 관행을 실천하였다. 농경사회에서의 공동노동, 김장, 음식 나누기 등 생업에서의 상호부조는 일찍부터 발달되어 왔던 나눔의 예이다.

2) 인적 나눔

인적 나눔은 도움이 필요한 사람들에게 수행하는 자원봉사 활동을 말한다. 이는 개인이 직접 수행하거나 공익을 위해 비영리조직이나 단체를 매개로 수행하는 것을 모두 포함한다.

인적 나눔은 환경보호 활동이나 구호 활동, 독거노인 봉사 등 다양한 분야에서 누구나 실천할 수 있는 자원봉사와 전문가들이 가진 지식, 기술, 경험 등을 기부하는 프로보노(pro bono) 혹은 재능기부 등 다양한 방법으로 실천할 수 있다. '공익을 위하여'라는 의미의 라틴어 'pro bono publico'에서 나온 용어인 프로보노는 전문가들이 자신의 전문성을 활용해 사회적 약자와 소외계층을 돕는 활동이다. 의료인들의 의료봉사, 법조인들의 무료 법률상담, 예술가들의 무료공연, 대학생들의 학습코칭 기부 등 다양한 방식의 프로보노가 있다.

3) 생명나눔

생명나눔이란 자신의 신체 일부나 전부를 나누는 것을 말한다. 현대 의학기술의 눈부신 발전에도 불구하고, 장기이식과 같이 누군가의 생명나눔으로만 치료가 가능한 질병이 아직도 수없이 많이 존재한다. 이러한 사람들을 위해 자신의 신체 일부나 전부를 나눔으로써 누군가의 생명을 살리는 것이 생명나눔이다.

생명나눔은 누구나 쉽게 실천할 수 있는 헌혈부터 장기, 인체조직, 조혈모세포 등의 나눔이 포함된다.

대분류	중분류	정 의
물적 나눔	자산	부동산, 주식, 현금 기부
	현물	물품, 식품, 시설 등 기부
인적 나눔	단순 자원봉사	시간과 인적 활용 봉사
	전문 자원봉사	지식, 경험 등을 기부
생명나눔	헌혈	혈액 기부
	장기기증 등	장기, 인체조직, 조형모세포 등 기부

그림 11-3 나눔의 분류와 정의

출처: 김교성·강정한(2015)

5. 나눔의 효과

1) 긍정적 신체 변화

나눔은 건강에 긍정적인 영향을 미친다. 2003년 미국 미시건 대학에서 423쌍의 장수부부의 건강 비결을 연구했는데, 그들이 가지고 있는 공통점은 바로 봉사활동인 것으로 나타났다. 그들은 도움이 필요한 사람들을 정기적으로 방문하여 봉사활동을 하고 있었다(월간 빛, 2017. 10.).

미국 국립보건원의 신경학자 조지 몰과 조던 그라프만(Jorge Moll, Jordan Grafman)은 자선 기부가 뇌에 미치는 영향에 대해 연구하였다. 피실험자들에게 자선 단체에 기부할지를 물으며 뇌 MRI를 촬영한 결과, 기부를 하겠다고 대답한 사람들의 뇌에는 기쁨을 느끼게 하는 호르몬인 도파민이 분비되었다. 이 실험을 통해 그들은 이타주의(altruism)가 인간의 뇌에 고정적으로 내재하며 그 자체가 만족감을 주는 기본적인 것이라고 주장하였다(에일리굿뉴스, 2007. 06. 01.).

이처럼 남을 도우면 호르몬 분비로 미상핵과 측좌핵이 활성화되어 우울감과 스트레스가 해소된다고 한다. 이외에도 나눔은 유익한 호르몬 분비, 면역력 향상, 혈압, 콜레스테롤 수치의 정상화 등 다양한 이로움을 주는 것으로 알려져 있다.

선한 행동과 건강에 대한 연구는 또 있다. 1988년 하버드 대학의 데이빗 맥클랜드 박사 연구팀은 흥미로운 실험결과를 발표하였다. 학생들에게 인도의 캘커타에서 환자들을 돌보고 있는 테레사 수녀의 다큐멘터리 영화를 보여주었는데 영화를 보고 난 후 학생들의 대부분에게서 면역력을 높여주는 항체가 50% 정도 증가하였다. 이 같은 연구결과를 '마더 테레사 효과(The Mother Teresa Effect)'라고 한다(아시아경제, 2010. 02. 14.). 사회적 봉사와 같은 감동적 활동을 직접 행하지 않아도 다른 사람들의 봉사활동이나 사회적 기여 등을 보거나 들음으로써 개인의 심신이 긍정적으로 변화되는 것을 말한다. 즉, 자신이 직접 하는 것은 물론이고 타인의 봉사활동을 보기만 해도 신체 면역기능이 크게 향상된다고 한다. 결국 나눔이라는 것은 돕는 사람과 도움을 받는 사람, 직접적인 당사자들에게만 유익한 것이 아니라 제3자인 타인에게까지 긍정적 영향을 줄 수 있는 선순환의 가치이다.

헬퍼스 하이(Helpers High)

헬퍼스 하이란 룩스와 페인(Luks & Payne, 2001)이 『*The Healing Power of Doing Good*』이라는 저서에서 언급한 용어로, 다른 사람을 도울 때 봉사자의 혈압과 콜레스테롤 수치가 낮아지고 엔돌핀이 안정 시의 3배 이상 분비되는 등, 신체적으로 긍정 변화가 몇 주까지 지속되는 현상을 말한다. 직접 남을 돕거나 사람들과 함께 어울리면서 느끼는 만족감으로 인해 감정적으로 최고조에 이른 기분을 '헬퍼스 하이'라고 한다.

출처: Luks & Payne(2001)

> 남을 행복하게 하는 것은 향수를 뿌리는 것과 같다.
> 뿌릴 때에 자기에게도 몇 방울 정도는 묻기 때문이다.
>
> – 탈무드

2) 성숙된 자아 형성

나눔은 존중, 평등, 사랑과 같은 인간애에 가치를 두고 이를 중시하는 사람만이 실천할 수 있다. 이러한 가치관은 친사회적 행동을 촉진하고, 친사회적 행동은 결국 성숙된 자아를 형성하게 한다. 성숙된 자아는 자신과 상대방을 더 잘 이해하게 만들고, 타인과 원만한 관계를 유지하도록 돕는다. 결국 나눔을 통해 형성된 성숙된 자아는 개인의 행복과 성장, 발전에 긍정적 영향을 미친다고 볼 수 있다. 이처럼 나눔은 개인의 자아를 확장하여 성숙한 세계 시민으로 발전하도록 돕는다.

> 나눔은 우리를 진정한 부자로 만들며
> 나누는 행위를 통해
> 자신이 누구인지, 또 무엇인지를 발견하게 된다.
>
> – 마더 테레사(Mother Teresa of Calcutta)

3) 개인의 성공

애덤 그랜트(Grant, Adam M.)는 그의 저서, 『기브 앤 테이크』에서 기버(giver)가 테이커(taker)보다 성공할 수밖에 없는 이유를 다양한 사례로 설명하였다.

기버는 타인에게 필요한 것이 무엇인지 살피고 도움을 주는 일에 시간과 에너지를 쓴다. 나눔의 가치를 삶 속에서 실천하려고 노력하는 유형이다. 그러나 테이커는 나누기보다는 자신에게 득이 되는 것을 타인으로부터 얻는 데 집중한다. 사람은 누구나 특정 목적을 가지고 인간관계를 유지하려 하거나 이기적인 의도로 관계를 맺으려는 사람들을 경계하고 좋지 않게 생각한다. 따라서 테이커보다는 기버의 성향을 가진 사람들이 인기가 많고 인간관계도 폭넓다. 또한 테이커의 성향을 가진 사람들이 성공의 대열에 오를 경우 그를 시기하고 질투하는 반면, 기버의 성향을 가진 사람들이 성공하게 되면 많은 사람들이 지지하고 응원을 한다. 이것이 테이커의 성공은 어렵고, 기버의 성공은 쉬운 이유이다. 혹자는 타인에게 눈을 돌리고 그들을 돕는 데 시간을 낭비할 시간에 자신의 실력을 키우는 것이 오히려 성공에 도움이 된다고 생각할 수도 있다. 그러나 애덤 그랜트는 인간은 혼자서는 실력을 키우기 힘들고 성공하기도 어렵다는 것을 연구를 통해 증명하였다.

타인의 도움 없이 혼자서도 성공할 수 있을 것으로 예상되는 직업군, 예를 들면 외과 의사나 펀드 매니저들이 자신만의 실력으로 성공할 수 있는지 조사하였다. 그는 수술 사망률이 0%에 가까운 외과의사와 수익률 1위의 우수한 펀드 매니저가 일자리를 다른 곳으로 옮겼을 때에는 과거와 같은 성과가 나지 않음에 주목하였다. 일자리를 옮긴다고 해서 자신의 능력이 소멸되는 것이 아님에도, 이상하게 일자리를 옮긴 경우 의사의 수술 사망률이 증가하였고, 펀드 매니저의 수익률은 떨어졌다. 그러나 이들이 혼자 이직하지 않고, 함께 일하던 팀원들과 같이 이동했을 경우에는 예전과 같은 성과가 그대로 나타났다. 애덤 그랜트가 제시한 이러한 사례들은 인간은 결코 혼자서는 성공할 수 없음을 증명하고 있다. 아무리 능력이 뛰어난 사람들이라 할지라도 역량을 제대로 발휘하기 위해서는 곁에서 도움을 주고 뒷받침해주는 조력자가 필요하다. 인간은 주변 사람들과 더불어 성장할 때 더 큰 가능성이 있음을 잊지 말아야 한다. 나눔의 성향을 가진 사람들의 곁에는 그들을 지지하고 응원하며 도와줄 사람들이 많으므로 성공하기에 훨씬 수월하다. 나눔의 삶을 실천하는 태도, 즉 기버의 태도로 살아가면 손해가 날 것처럼 보이지만 오히려 자신의 응원군을 얻는 기회가 될 수 있다는 것을 잊지 말아야 한다. 남을 돕는 나눔의 손길이 어느새 자신을 성장하고 발전하게 하는 손길로 돌아올 수 있기 때문이다.

애덤 그랜트는 성공 사다리의 꼭대기에는 기버가 존재한다고 주장하였다. 꼭대기의 기버들은 먼저 성공을 거둔 다음 나중에 베푸는 일반적인 전략을 뒤집고, 먼저 베풂으로써 훗날 성공을 위해 좋은 위치를 차지할 확률을 높였다고 한다.

『이타주의자가 지배한다』의 저자 슈테판 클라인(Stefan Klein)은 "이기주의자가 단기적으로 볼 때는 훨씬 잘 살 것 같지만 장기적으로 보면 타인의 행복을 위해 노력하는 이타주의자가 훨씬 앞선다."며 인간이 본래 이기적인 존재라는 전제 조건에 반박하였다. 그 역시 미래 사회에서는 이기주의자보다 이타주의자가 생존에 유리함을 강조한 것이다.

대커 켈트너(Dacher Keltner, 2018) 교수도 20년에 걸친 다양한 실험을 통해 착한 사람들은 늘 뒤처지고, 출세하려면 남을 짓밟아야 한다는 것은 편견일 뿐이라고 하였다. 그는 공동체에 대한 열정과 공동체의 선을 위한 노력 여부가 개인의 권력 유지와 성공에 있어 중요하다고 강조하였다. 즉, 공동체에 속한 타인에 대한 관심, 그들의 어려움에 공감할 줄 아는 능력 등이 권력과 성공을 유지하게 한다는 것이다.

여러 연구자들이 주장하듯이 타인의 어려움에 주목하고 자기가 상대를 위해 해줄 수 있는 것이 무엇인지 주의 깊게 살피는 이타주의적인 기버의 자세, 즉 나눔의 자세는 결국 개인의 성공에도 지대한 영향을 미친다.

4) 건강한 사회, 공동체 형성

공동체의 구성원들이 소외된 이웃에 대해 관심을 가지고 나눔을 실천하면 사회 구성원 모두가 건강해지고 유대감이 생긴다. 또한 열악한 환경에 처한 사람들을 돕는 일은 서로를 이해하고 공존할 수 있게 하므로 행복한 공동체 유지에 도움이 된다.

건강한 사회를 만드는 데는 경제적 성장, 즉 양적 성장 못지않게 약자의 복지 보장이 중요하다. 나눔을 통해 약자들의 복지가 향상될 때 건강한 사회가 될 수 있는 것이다. 이처럼 오늘날 '나눔'의 가치는 사회 발전과 단합을 위한 핵심적이고 필수적인 요소이다.

공동체 구성원들의 자발적인 나눔 행동은 사회적 결속을 강화하며 다양하고 민주적인 공동체의 발현을 가능하게 한다. 또한, 나눔 문화 확산은 시민들의 기부 및 자원봉사 활동을 촉진하여 공동체의 복지를 실천하는 데 긍정적 영향을 미친다. 이처럼 나눔은 사회 구성원들의 상생을 도모하고, 공동체로의 단합을 유도하는 역할을 하므로 오늘날 그 중요성이 더욱 강조되고 있다.

> 기억하라.
> 만약 내가 도움을 주는 손이 필요하다면
> 너의 팔 끝에 있는 너의 손을 이용하면 된다.
> 더 나이가 들면 손이 두 개라는 것을 발견하게 될 것이다.
> 한 손은 너 자신을 돕는 손이고,
> 다른 한 손은 다른 사람을 돕는 손이다.
>
> – 오드리 햅번(Audrey Hepburn)

6. 또 다른 나눔, 절약

절약(節約)이란 '절제할 절(節)'자와 '아낄 약(約)'로 이루어진, 즉 절용(節用)과 검약(儉約)의 복합어이다. 즉, 함부로 쓰지 않는 절제와 꼭 필요한 데에만 아껴 사용하는 것을 의미한다(한국민족문화대백과사전). 다산 정약용은 『목민심서』에서 "절(節)이란 한계를 두어 억제하는 것이다. 한계를 두어 억제하는 데는 반드시 법식(法式)이 있어야 한다. 법식은 절용의 근본이다."라고 하였다. 이처럼 절약이란 무조건 안 쓰는 것이 아니라 소비에 대한 법식, 다시 말해 자신만의 올바른 소비 철학, 가치관을 세워 계획하에 소중히 아껴 사용하는 것이다.

우리가 절제하고 아껴며 소중히 사용해야 하는 것들은 매우 많다. 인간은 지구라는 공동체 속에서 많은 자원을 함께 공유한다. 따라서 함부로 사용했을 경우 그 피해는 큰 파장으로 이어질 수밖에 없다. 물, 에너지, 일회용품 등을 무분별하게 사용할 경우, 그 피해가 자신에게서 끝나지 않고 타인, 미래 세대, 다른 생명체에 이르기까지 지속적이고 광범위하게 나타난다.

급격히 발달하고 있는 과학 문명과 정보 기술의 발달은 인류의 삶에 물질적 풍요를 가져다준 반면, 많은 자원을 낭비하는 결과를 가져왔다. 자원의 남용으로 지구상에 존재하는 자원의 양은 급격하게 줄어들고 있고, 인류의 생존에 큰 위협이 되고 있다. 모든 자원이 지구상에 무한히 존재하는 것이 아니고 언젠가는 고갈되기에 인류의 지속적인 행복을 위해서는 자원의 절약이 그 무엇보다 중요하다.

지금 당장 나에게 오는 손해가 눈에 보이지 않기에 절약의 필요성을 느끼지 못하는 중요한 자원 중 하나가 바로 물이다. 국제인구행동단체(PAI)는 세계 각국의 연간 1인당 가용한 재생성 가능 수자원량을 산정하고 이에 따라 전 세계 국가를 물 기근(1,000㎥ 미만), 물 부족(1,000㎥ 이상 1,700㎥ 미만), 물 풍요(1,700㎥ 이상) 국가로 분류·발표하고 있다. 우리나라는 연간 1인당 재생성 가능한 수량이 1,452㎥로 물 부족 국가에 속한다. 물 사용에 대한 경각심과 절제 없이 지금처럼 함부로 사용한다면 우리는 곧 물 기근 국가로 전락하게 되고 고통 속에 살게 될 것이다. 따라서 우리가 처한 현실을 직시하고 지금이라도 물을 소중히 아껴 쓰는 실천이 필요하다. 우리나라뿐 아니라 타 선진국들의 물 낭비도 큰 문제이다. 통계에 따르면 전 세계 인구 절반이 사용할 수 있는 물의 양을 특정 몇몇 국가에서 다 소비하고 있다고 한다. 많이 가진 자들은 풍요롭게 누리며 살고 부족한 자들은 힘들게 고난속에서 살아가는 것은 공존이 아니다. 특히, 물은 지구촌이 함께 사용해야 할 자원이지 특정 국가만의 소유가 될 수 없다. 현재 물은 우리 주변 어디에나 존재하고 낭비를 한다 해도 즉각적인 피해로 나타나지 않기에 물 절약에 대한 경각심이 낮은 것이 사실이다. 그러나 '나 하나쯤이야'라는 생각으로 지속적으로 물을 낭비한다면 머지않은 미래에 인류는 인간에게 가장 소중하고 귀한 자원을 잃게 될 것이다. 지금도 지구촌 한편에는 물을 구하기 위해 몇 시간씩 힘들게 걸어야 하는 사람들이 있고, 오염된 물이 자신을 병들게 할 줄 알면서도 마실 수밖에 없는 사람들도 있다는 사실을 잊지 말아야 한다.

지구상에 존재하는 모든 자원은 내 것이 아닌 함께 소유해야 하는 인류와 생명체 모두의 자산이기에 지구촌에서 살고 있는 우리는 자원을 아끼고 소중히 사용해야 한다. 이 같은 의미에서 절약은 더불어 살기 위한 나눔이자 미래에 대한 대책이다.

7. 나눔의 현황과 과제

우리나라 사람들의 기부 금액은 선진국에 비해 낮은 수준이다. 2009~2018년 10년 누적 기준으로 한 영국 자선지원재단(CAF)의 세계 나눔 지수(World Giving Index) 보고서에 따르면 한국의 기부지수 점수는 34%, 순위로는 126개국 중 38위였다. 주요 선진국과 비교하면 한국의 순위는 중하위권에 머문다(복지타임즈, 2020. 02. 17.).

이러한 통계자료는 나눔의 가치 실현을 위해 우리 사회가 당면한 과제가 많다는 것을 보여준다.

나눔의 가치 실현을 위해서는 구성원들이 각자 자신의 자리에서 실천해야 할 것들이 많다. 특히, 사회지도층과 부유층의 모범적 기부, 노블레스 오블리주(noblesse oblige)는 공동체 구성원들에게 나눔의 본보기를 보여줄 수 있는 중요한 이슈이다. 노블레스 오블리주는 초기 로마 시대에 왕과 귀족들이 보여준 솔선수범에서 비롯된 것으로, 높은 사회적 신분에 상응하는 도덕적 의무를 뜻한다. 초기 로마 사회에서 고위층의 봉사와 기부는 의무인 동시에 명예로 인식되었다. 귀족들은 전쟁과 같이 국가가 어려운 상황에 처하게 되면, 자발적이고 경쟁적으로 국가를 위한 일에 참여하였다. 그 결과 로마 사회는 눈부신 발전을 이루어 냈다. 현대사회에서도 노블리스 오블리주는 여전히 필요하다. 사회 고위층의 솔선수범은 계층 간 대립을 해결하고 국민을 통합하는 데 기여할 수 있다. 사회 지도층이 앞장서서 어려운 이웃을 돌보며 그들의 아픔을 함께 나눌 때 공동체는 하나가 되어 발전할 수 있다. 또한, 나눔의 실천을 위해서는 사회 지도층의 솔선수범과 더불어 구성원들의 동참이 필수적이다. 나눔은 어느 특정 계층의 참여로만 이루어질 수 있는 것이 아니기 때문이다.

오늘날 '나눔'의 가치는 공동체 발전을 위한 핵심적이고 필수적인 요소로 인식되고 있다. 공동체 전체에 긍정적인 영향을 미치는 나눔은 소외되고 어려운 이웃을 돕는 일 이상의 가치를 지닌다. 나눔을 통해 사회 구성원 모두가 상생을 도모할 수 있고, 구성원들이 함께 성장하고 발전할 때 공동체 유대감이 형성될 수 있기에 오늘날 나눔의 중요성은 매우 크다.

다윈은 '배려와 이타심은 종족이 살아남기 위한 본능이자 인간 생존을 위한 기본적인 일'이라고 하였다(Darwin, 2006). 다윈의 말처럼 도움과 협동은 인간 생존을 위한 기본적인 본능이다. 우리는 도움과 협동이 필요한 사람을 돌볼 수 있는 능력을 갖추도록 진화되어 왔기 때문에 한 종족으로 살아남을 수 있었다는 사실을 기억해야만 한다.

> 다윈이 오래전에 추측한 것처럼,
> 공감은 우리의 가장 강한 본능이다.
>
> – 대커 켈트너(Dacher Keltner)

Activity 1

나눔이 필요한 대상을 찾아 자신이 나눌 수 있는 것이 무엇인지 고민하여 실천해 보세요.

나눔이 필요한 대상

대상에게 필요한 것

자신이 나눌 수 있는 것(시간, 물건, 돈, 마음, 재능 등)

나눔 계획

나눔 실천 내용

나눔 실천 후 느낀 점

Activity 2

자신의 평소 생활에서 절약해야 할 것을 생각해 보고, 직접 실천해 보세요.

절약해야 할 것(돈, 시간, 에너지 등)

현재 사용 실태 진단

절약 계획 수립

절약 실천 내용

절약 실천 후 느낀 점

Activity 3

매스컴이나 책을 통해 알게 된 나눔의 사례를 적어 보고, 나눔을 실천하는 사람들을 통해 배운 점과 자신의 나눔 계획에 대해 친구들과 이야기해 보세요.

타인의 나눔 실천 사례 (대상, 실천 내용 등 구체적으로 조사)

타인의 실천 사례를 통해 배운 점과 느낀 점

자신의 나눔 계획 (단기 혹은 장기적 계획 모두 가능, 육하원칙에 의거하여 작성할 것)

참고 문헌

국내 서적

강은숙, 김종석(2019). 인간행동의 이해와 넛지: 행동경제학과 공공정책. 서울: 윤성사.

강지영(2019). 대학생의 성역할 고정관념이 데이트폭력 허용도에 미치는 영향. 제주대학교 교육대학원 석사학위논문.

과학기술정보통신부(2020. 04. 13.). AI를 활용한 악성 댓글 차단 동향과 시사점. S&T GPS 이슈 분석, 137호.

교수신문(2017. 03. 08.). 놀이의 '즐거운 학문'을 위하여. https://kyosu.net/news/articleView.html?idxno=33480

권석만(1995). 대학생의 대인관계 부적응에 대한 인지-행동적 설명모형. 학생연구, 30(1), 38-63.

______(2014). 현대이상심리학. 서울: 학지사.

기영화, 신영재, 김남숙(2013). 부산광역시 주민자치센터 프로그램 이해관계자의 역할과 상호작용의 탐색: 근거이론연구. 지방정부연구, 16(4), 207-229.

김교성, 강정한(2015). 한국의 '나눔' 종합지수. 사회복지공동모금회 나눔연구소 연구보고서, 13-49.

김난도, 전미영, 최지혜, 이향은, 이준영, 이수진, 서유현, 권정윤, 한다혜(2020). 트렌드코리아 2021. 서울: 미래의 창.

김동일, 김미옥(2015). 한국의 나눔 교육 실태. 사회복지공동모금회 나눔연구소 연구보고서, 53-99.

김선주(2018). 협업에 관한 대학생의 인식 연구. 교양교육연구, 12(3), 11-37.

김우철, 이우진(2009). Roemer의 기회평등개념과 한국의 소득세 정책. 경영분석, 15(3), 129-168.

김인종(2011. 07. 22.). 칭찬-충고에 관한 명언 [개인 홈페이지] http://ijkim.pe.kr/bbs/view.php?id=free&page=7&sn1=&divpage=1&sn=off&ss=on&sc=on&select_arrange=hit&desc=desc&no=3243&PHPSESSID=ebde0334b444e17b583068a9b6e7b44c

김정기(2019). 소통하는 인간, 호모 커뮤니쿠스. 고양: 인북스.

김진웅(2012). 야스퍼스의 현존재(Dasein) 커뮤니케이션에 관한 연구. 커뮤니케이션학 연구, 20(3), 5-25.

김형국, 이상신(2012). 국가자아존중감, 사회적 자본, 그리고 풍요인식: 한국인의 삶의 풍요인식 결정요인 연구. 한국동북아논총, 17(1), 293-320.

김혜숙, 민순, 박종, 김경미, 하윤주, 김은아, 정선주(2009). 칭찬활동 프로그램이 청소년의 희망과 자아존중감에 미치는 효과. 한국학교보건학회지, 22(2), 61-71.

네이버 블로그(2015. 02. 26.). '마더 테레사 효과'를 아시나요? 나눌수록 행복해지는 나눔의 효과! https://m.blog.naver.com/PostView.nhn?blogId=donorscamp05&logNo=220284406698&proxyReferer=https:%2F%2Fwww.google.com%2F

__________(2017. 07. 10.). 뒤센 미소, 그것은 따뜻함 혹은 진심 어린 미소이며, 행복한 삶을 만드는 미소. https://m.blog.naver.com/PostView.nhn?blogId=hl2xli&logNo=221047770948&proxyReferer=https:%2F%2Fwww.google.com%2F

__________(2018. 02. 19.). 인생은 자신을 창조하는 과정. https://m.blog.naver.com/PostView.nhn?blogId=fanclub200&logNo=221211330268&proxyReferer=https:%2F%2Fwww.google.com%2F

노지혜, 이민규(2005). 나는 왜 감사해야 하는가? 한국심리학회 학술대회 자료집, 454-455.

뉴데일리경제(2019. 06. 04.). 신한카드, 직원 간 화합 도모 '칭찬배송' 실시.

뉴스제주(2007. 06. 15.). 사람이 얼마나 행복한가는 그가 감사함을 느끼는 깊이에 달려 있다 (존 밀러). https://www.newsjeju.net/news/articleView.html?idxno=5695

뉴시스(2018. 12. 30.). 김병준, 이해찬 겨냥 "말 한 마디가 정치적 운명 바꿀 수 있어… 조심해야" https://news.joins.com/article/23247983

다음 블로그(2010. 8. 19.). 리더십. https://trigger.tistory.com/759

대한민국정책브리핑(2016. 12. 30.). 올 겨울 나는, 누군가에게 향기가 됐다~. 김강수 기자 https://

www.korea.kr/news/reporterView.do?newsId=148826777

데일리굿뉴스(2007. 06. 01.). 다른 사람을 돕는 생각, 뇌도 춤추게 한다.

도건창(2017. 10.). 사회복지의 현장에서: 감사하기. 월간 빛, No. 414.

동아일보(2003. 07. 11.). '폰더씨의 위대한 하루'… 인생이 꼬여도 기죽지 마.

리더의조건(2020. 03. 07.). 경계해야 할 칭찬명언 10가지. https://new.theleader.co.kr/bbs/board.php?bo_table=board01&wr_id=22495

매일경제(2018. 07. 25.). 아이를 향한 '비언어적 태도'를 살펴보세요!. 최지은 기자.

_______(2020. 01. 05.). 지역·세대로 번지는 불평등… 방치 땐 자본주의 존립 위협.

_______(2020. 05. 04.). '재난지원금 기부 잘 될까' 한국 기부지수 OECD 20위 그쳐.

미래엔 편집부(2013). 미래엔 중학교 도덕 2. 서울: 미래엔.

미주한국일보(2020. 01. 13.). 나는 꿈꾼다. 최효섭 기자. http://dc.koreatimes.com/article/20200110/1289876

민기(2006). 농산물 생산자간 협약이행에 사회적 자본이 미치는 영향: 제주도 감귤 생산 농가를 중심으로. 한국지방정부학회 학술대회 논문집, 2, 355-374.

박노윤(2014). 진정성 리더십, 존중감, 발언 행동 및 목표몰입 간의 관계. 경영교육연구, 29(1), 143-176.

박상수(2014). 운 평등주의에 대한 비판. 제도와 경제, 8(2), 113-134.

박해용(2013). 존중의 도덕적 가치에 대하여, 사회와 철학. 사회와 철학 연구회, 25, 1-28.

복지타임즈(2020. 02. 17.). 곽대경, 우리나라 개인 기부 현주소는? http://www.bokjitimes.com/news/articleView.html?idxno=22696

브런치(2020. 07. 06.). 책임감이 무어냐고 물으신다면. https://brunch.co.kr/@chojeremy/135

삼성전자(2017). 지속가능경영보고서. 삼성전자.

서경현, 양승애(2010). 심리적 스트레스 반응과 주관적 웰빙에 대한 자기애와 자아존중감의 역할. 한국심리학회지 건강, 15(4), 653-671.

서울경제(2011. 12. 16.). 이타심은 타고난 사회적 본능. (정민정 기자). https://news.naver.com/main/read.nhn?mode=LSD&mid=sec&sid1=103&oid=011&aid=0002204190

서은국(2014). 행복의 기원. 파주: 21세기 북스.

송인섭(1998). 자아개념의 교육심리학적 의미. 교육심리연구, 10(1), 1-24.

송재준, 김문중(2013). 팀 협업과 정보교류체계가 성과에 미치는 영향: 성숙도의 조절 효과를 중심으로. 상업교육연구, 27(3), 45-72.

신득렬(2003). 존중의 개념. 교육철학, 24, 79-94.

신윤석(2012). 동서양의 명언 속 생활이 있다. 서울: 해성이앤피.

아시아경제(2010. 02. 14.). 설날 선물은 상품권 대신 도네이션 카드! 박종일 기자. http://www.asiae.co.kr/news/view.htm?idxno=2010021414003674816

에일리굿뉴스(2007. 06. 01.). 다른 사람을 돕는 생각, 뇌도 춤추게 한다. 이해동 기자. http://www.goodnews1.com/news/news_view.asp?seq=17902

오마이뉴스(2014. 05. 04.). 오익재, 오드리 헵번은 연예인이 아니다. http://www.ohmynews.com/NWS_Web/View/at_pg.aspx?CNTN_CD=A0001987883

오채환(2006). 막스베버가 들려주는 카리스마 이야기. 서울: 에브리북

원대신문(2020. 10. 28.). [칭찬합니다] '나눔으로 인생을 만들어간다. 김하늘 기자. http://www.wknews.net/news/articleView.html?idxno=15181

원더풀마인드(2019. 09. 23.). 파란 눈과 갈색 눈: 제인 엘리엇 실험. https://wonderfulmind.co.kr/blue-eyes-and-brown-eyes-the-jane-elliott-experiment

월간조선뉴스룸(2019. 08. 29.). 로고테라피로 본 행복과 성공. 김승열 기자.

위키백과. 공유가치창출. https://ko.wikipedia.org/wiki/%EA%B3%B5%EC%9C%A0%EA%B0%80%EC%B9%98%EC%B0%BD%EC%B6%9C

_______. 밀레니얼 세대. https://ko.wikipedia.org/wiki/%EB%B0%80%EB%A0%88%EB%8B%88%EC%96%BC_%EC%84%B8%EB%8C%80

유네스코뉴스(2020. 07. 03.). 코로나 시대를 바라보는 유발 하라리의 시선 "모든 위기는 또한 기회이기도 합니다". 김보람 기자. https://www.unesco.or.kr/data/unesco_news/view/769/1143/page/0

유니세프 코리아(2010). 선진국 안에 존재하는 아동복지의 불평등.

유선욱(2020). 공유가치 창출(CSV) 활동의 지속가능발전목표(SDGs) 접근에 대한 연구: 수행 사례에서 나타난 사회적 이슈, 수혜자, 협력자에 대한 분석을 중심으로. 사회과학연구, 32(2), 77-120.

유튜브(2013. 8. 4.). 지식채널e 사소함의 힘 360p. https://www.youtube.com/watch?v=Zlo5mzrwnMQ

육혜련(2015). 사티어 의사소통 훈련 프로그램이 대학생 의사소통의 일치성과 자아존중감 향상에 미치는 효과. 임상사회사업연구, 12(1), 1-23.

윤석철(2001). 경영학의 진리체계. 서울: 경문사.

윤홍균(2016). 자아존중감 수업: 하루에 하나, 나를 사랑하게 되는 자아존중감 회복 훈련. 파주: 심플라이프.

이가람, 이성엽(2015). 팀 협업 과정에서 나타난 무형식 학습에 관한 사례연구. 한국교육학연구, 21(3), 305-332.

이병구(2015). 글로벌 히든 챔피언으로 이끄는 지속성장의 힘 '경영은 관계다–그래티튜드 경영'. 서울: 세종서적.

이상근(2011). 사티어 의사소통프로그램이 여성장애인의 대인관계와 자아존중감 향상에 미치는 효과. 서강대학교 공공정책대학원 석사학위논문.

이서희(2021). 200가지 고민에 대한 마법의 명언. 서울: 리텍콘텐츠.

이영훈(2014). 조망수용과 공감, 그리고 눈치의 관계. 한국여성교양학회지, 23, 131-153.

이은숙(2009). 인간관계와 의사소통. 파주: 양서원.

이정기, 이장우(2016). 공유가치 창출 전략의 유형화와 실천전략. 한국경영학회지, 20(2), 59-83.

이정민, 고은지, 이명화(2017). 대학 팀 기반 프로젝트 학습에서 팀 구성방법, 자기결정성동기, 인지된 상호작용이 프로젝트 성과에 미치는 영향. 학습자중심교과교육연구, 17(24), 253-273.

이하영, 이형환, 천준협(2017). 칭찬요법 프로그램이 행복감에 미치는 영향. 한국자연치유학회지, 6(1), 55-61.

이혜림(2019). 여대생의 성역할고정관념이 성적자기주장에 미치는 영향. 명지대학교 대학원 석사학위논문.

이혜인, 배영(2011). 스마트폰 이용과 사회자본: 스마트폰 이용동기와 이용정도가 사회자본 구성요소에 미치는 영향을 중심으로. 정보사회와 미디어, 21, 35-71.

임현수, 강진령(2019). 긍정언어 생활교육 프로그램이 초등학생의 자기존중감과 타인존중태도 및 공격성에 미치는 효과. 학습자중심교과교육연구, 19(6), 677-698.

장인실, 정남조(2015). 다문화교육과 국제이해 교육의 효과성 연구. 초등교육연구, 28(2), 157-178.

전병준(2010). 네슬레의 공유가치 창조와 녹색경영. 전자무역연구, 8(4), 131-152.

전승봉(2018). 행복한 국가의 조건은 무엇인가. 비판사회정책, 58, 279-322.

정약용(2011). 목민심서. (최태응 역). 파주: 북마당.

정원식, 윤성준(2017). 사회적 자본이 가치공동창출에 미치는 영향: 사회적 정체성과 기업 진정성의 매개효과. 마케팅논집, 25(2), 1-24.

정은진, 이재덕(2018). 개인의 행복 여부 인식에 영향을 미치는 사회적 자본 요인 탐색. 역량개발학습연구, 13(1), 27-45.

정지윤(2020). 사회적 자본이 취업 지원 프로그램의 가치평가에 미치는 영향. 세종대학교 대학원 박사학위논문.

정혜신(2018). 당신이 옳다. 서울: 해냄.

조선일보(2018. 05. 08.). 한국인이 쓰는 일회용컵 25,700,000,000개⋯ 플라스틱은 세계 1위.

________(2018. 09. 15.). 백영옥의 말과 글: 품격과 겸양의 언어. 백영옥 기자. https://www.chosun.com/site/data/html_dir/2018/09/14/2018091403774.html

조현영(2013). 독서치료 프로그램이 청소년의 주관적 안녕감 및 영적 안녕감에 미치는 영향. 고려대학교 교육대학원 석사학위논문.

주간동아(2014. 10. 20.). '공유가치창출(CSV)'이란 사회적 책임(CSR)+α다.

중부매일(2019. 06. 06.). 불평은 불평을 낳고 감사는 감사를 낳는다. 유종렬 기자. http://www.jb-news.com/news/articleView.html?idxno=1249299

중앙일보(2017. 08. 30). [더, 오래] 박혜은의 님과 남(4) '聽(청)'과 '聞(문)'의 차이.

차동필(2006). 대학생의 지역사회 공동체의식에 영향을 미치는 제반 요인에 관한 연구. 한국사회과학연구, 28(1), 169-183.

최유나(2015). 학교사회복지사의 다문화감수성에 영향을 미치는 요인에 관한 연구. 숭실대학교 대학원 석사학위논문.

최인철(2007). 프레임: 나를 바꾸는 심리학의 지혜. 파주: 21세기북스.

최진구(2014). 종업원의 협업과 성숙도가 성과에 미치는 영향. 가천대학교 경영대학원 석사학위논문.

티스토리. 협력 명언 팀워크 협동을 이끄는 에너지 모음집. https://youandmelovelove.tistory.com/326

한겨레신문(2014. 09. 18.). 공감능력과 좋은 지도자.

________(2019. 09. 30.). 한국 복지지출 비율 여전히 OECD 꼴찌.

한국공정일보(2016. 04. 21.). 평범한 사람들이 비범한 결과를 만드는 비결.

한국민족문화대백과사전. https://encykorea.aks.ac.kr/Contents/Item/E0049808

한국일보(2015. 02. 03.). 끝나지 않은 獨 나치 단죄, 93세 '회계사' 재판.

행정안전부(2018). 기부문화 인식 실태조사를 통한 기부제도 개선에 관한 연구. 세종: 행정안전부.

황순영, 이후희(2017). 배려와 존중의 통합교육 구축을 위한 인성교육 프로그램 적용 효과. 교육혁신연구, 27(2), 103-118.

BBC NEWS KOREA(2021. 01. 26.). 아이유 측 '악플러에 선처 없다' 고소… 도 넘은 악플러 막을 방법 없나?

EBS(2010. 11. 23.). 〈다큐프라임〉 학교란 무엇인가-칭찬의 역효과.

MBC(2011. 11. 01.). MBC 신비한 TV 서프라이즈: 불멸의 라이벌(492회).

MEDIA SK(2020. 05. 08.). '함께'라는 이름으로 행복을 지키는 일. http://mediask.co.kr/65143

SBS 뉴스(2020. 3. 20.). 한국 세계행복지수 7계단 후퇴… 153개국 중 61위. https://news.sbs.co.kr/news/endPage.do?news_id=N1005708713&plink=ORI&cooper=NAVER&plink=-COPYPASTE&cooper=SBSNEWSEND

UNEP-WCMC(2006). 해양 및 해안 생태계와 인류의 안녕. 새천년생태계평가 결과에 근거한 종합보고서. 서울: UNEP-WCMC.

U. S. Embassy & Consulate in South Korea. 존 F. 케네디 아메리칸 대학교 연설(1963) https://kr.usembassy.gov/ko/education-culture-ko/infopedia-usa-ko/living-documents-american-history-democracy-ko/john-f-kennedy-american-university-address-1963-ko/

국외 서적

Acemoglu, D., & Robinson, J. A. (2012). 국가는 왜 실패하는가 [*Why nations fail: The origins of power, prosperity and poverty*]. 최완규 역, 장경덕 감수. 서울: 시공사. (원전 2012년 출판)

Adler, A. W. (2014). 인생에 지지 않을 용기 [アルフッド·アドラー人生に革命が起きる100の言葉]. 오구라 히로시 해설, 박미정 역. 서울: 와이즈베리. (원전 2014년 출판)

Adler, P. S., & Kwon, S. W. (2002). Social capital: Prospects for a new concept. *Academy of Management Review, 27*(1), 17-40.

Atkinson, A. B. (2015). 불평등을 넘어 [*Inequality: What can be done?*]. 장경덕 역. 파주: 글항아리.

(원전 2015년 출판)

Banyard, V. L., & Williams, L. M. (2007). Women'voices on recovery: A multi-method study of the complexity of recovery from child sexual abuse. *Child Abuse and Neglect, 31*, 275-290.

Bargh, J. A., Chen, M., & Burrows, L. (1996). Automaticity of social behavior: Direct effects of trait construct and stereotype activation on action. *Journal of Personality and Social Psychology, 71*(2), 230-244.

Baumeister, R. F., & Leary, M. R. (1995). The need to belong: Desire for interpersonal attachments as a fundamental human motivation. *Psychological Bulletin, 117*(3), 497-529.

Benne, K. D., & Sheats, P. (1948). Functional Roles of Group Members. *Journal of social issues, 4*(2), 41-49.

Bennett, C. I. (2009). 다문화교육: 이론과 실제 [*Comprehensive multicultural education: Theory and practice*(6th ed.)]. 김옥순, 김진호, 신인순, 안선영, 이경화, 이채식, 전성민, 조아미, 최상호, 최순종 역. 서울: 학지사. (원전 2007년 출판)

Betty M. Repacholi & Alison Gopnik (1997). Early Reasoning About Desires: Evidence From 14-18Month Olds. *Developmental Psychology, 33*(1), 12-21.

Bourdieu, P. (1986). The forms of capital. In J. Richardson(Ed.), *Handbook of theory and research for the sociology of education* (pp. 241-258). New York, NY: Greenwood Press.

British Library. Albert Mehrabian. https://www.bl.uk/people/albert-mehrabian#

Bronson, P., & Merryman, A. (2009). 양육쇼크: 부모들이 몰랐던 아이들에 대한 새로운 생각 [*Nurtureshock: New thinking about children*]. 이주혜 역. 안양: 물푸레. (원전 2009년 출판)

Chen, G. M., & Starosta, W. J. (2000). The development and validation of the intercultural sensitivity scale. *Human Communication, 3*, 1-15.

Colborn, T (1998) 도둑맞은 미래 [*Our stolen future*]. 권복규 역. 서울: 사이언스북스. (원전 1997년 출판)

Coleman, J. S. (1988). Social capital in the creation of human capital. *American Journal of Sociology, 94*, S95-S120.

Cooper, M. (2002). 목소리를 깨워라 삶을 바꿔라 [*Change Your Voice, Change Your Life*]. 강태헌 역. 서울: 파피에. (원전 1996년 출판)

Darwin, C. R. (2006). 인간의 유래 [*The descent of man, and selection in relationto sex*]. 김관선 역. 파주: 한길사. (원전 1981년 출판)

De Cremer, D., & Tyler, T. R. (2005). Am I respected or not?: Inclusion and reputation as issues in group membership. *Social Justice Research. 18*, 121-153.

De Posada, J., & Singer, E. (2005). 마시멜로 이야기 [*Don't eat the marshmallow... yet!*]. 김경환, 정지영 역. 서울: 한국경제신문사. (원전 2005년 출판)

Dreikurs, R., & Soltz, V. (2012). 민주적인 부모가 된다는 것 [*Children: the challenge*]. 김선경 역. 서울: 우듬지. (원전 1990년 출판)

Ellemers, N., Pagliaro, S., & Barreto, M. (2013). Morality and behavioural regulation in groups: A social identity approach. *European Review of Social Psychology, 24*, 160-193.

Ellemers, N., Sleebos, E., Stam, D., & De Gilder, D. (2013). Feeling included and valued: How perceived respect affects positive team identity and willingness to invest in the team. *British Journal of Management, 24*(1), 21-37.

Elliott, J. (2018). 다른 사람 모카신 신고 1마일 걷기: 푸른 눈/갈색 눈 차별 실험 [*A collar in my pocket: The blue-eyes, brown-eyes exercise*]. 정해영 역. 서울: 한뼘책방. (원전 2016년 출판)

Emmons, R. A. (2012). Queen of the virtues? Gratitude as a human strength, Reflective Practice. *Formation and Supervision in Ministry, 32*, 49-62.

Fiske, J. (2001). 커뮤니케이션학이란 무엇인가 [*Introduction to communication studies*]. 강태완, 김선남 역. 서울: 커뮤니케이션북스. (원전 1990년 출판)

Friend, M., Cook, L., Hurley-Chamberlain, D. A., & Shamberger, C. (2010). Co-teaching: An illustration of the complexity of collaboration in special education. *Journal of Educational and Psychological Consultation, 20*(1), 9-27.

Froh, J. J., Kashdan, T. B., Ozimkowski, K. M., & Miller, M. (2009). Who benefits the most from a gratitude intervention in children and adolescents? Examining positive affect as a moderator. *The Journal of Positive Psychology, 4*(5), 408-422.

GOVERNING(2011. 11. 04). Hire for Attitude, Train for Skills. https://www.governing.com/archive/public-workforce-hiring-employee-attitude-skills-southwest-airlines.html

Grant, A. M. (2013). 기브 앤 테이크, 주는 사람이 성공한다 [*Give and take*]. 윤태준 역. 서울: 생각연구소. (원전 2013년 출판)

Greenfield, E. A., & Marks, N. F. (2010). Sense of community as a protective factor against long-term psychological effects of childhood violence. *Social Service Review, 84*, 129-147.

Habermas, J. (2006). 의사소통행위이론 [*Theorie des kommunikativen Handelns* (4th ed.)]. 파주: 나남출판. (원전 1981년 출판)

Harris, J. R. (2007). 개성의 탄생 나는 왜 다른 사람과 다른 유일한 나인가 [*No Two Alike*]. 곽미경 역. 파주: 동녘사이언스. (원전 2006년 출판)

Hawthorne, G., Herrman, H., & Murphy, B. (2006). Interpreting the WHOQOL-BREF: Preliminary population norms and effect sizes. *Social Indicators Research, 77*(1), 37-59.

Hill, T. (2000). *Respect, pluralism and justice: Kantian perspectives*. Toronto: Oxford University Press.

Holmes, T. H., & Rahe, R. H. (1967). The social readjustment rating scale. *Journal of psychosomatic research, 11*(2), 213-218.

Kahneman, D., & Tversky, A. (1979). On the interpretation of intuitive probability: A reply to Jonathan Cohen. *Cognition, 7*(4), 409-411.

Keltner, D. (2018). 선한 권력의 탄생 [*The power paradox: How we gain and lose influence*]. 장석훈 역. 서울: 한국경제신문. (원전 2017년 출판)

Lepper, M. R., Greene, D., & Nisbett, R. E. (1973). Undermining children's intrinsic interest with extrinsic reward: A test of the "overjustification" hypothesis. *Journal of Personality and Social Psychology, 28*(1), 129-137.

Levinger, G., & Moles, O. C. (1979). *Divorce and separation: Context, causes, and consequences*. New York: Basic Books.

Luks, A., & Payne, P. (2001). *The healing power of doing good*. New York: iUniverse.

Marks, N., & Shah, H. (2004). A well-being manifesto for a flourishing society. *Journal of Mental Health Promotion; Brighton, 3*(4), 9-15

Marsh, H. W. (1998). Age and gender effects in physical self-concepts for adolescent elite athletes and nonathletes: A multicohort- multioccasion design. *Journal of Sport & Exercise Psychology, 20*(3), 237-259.

Mazar, N., Amir, O., & Ariely, D. (2008). The dishonesty of honest people: A theory of self-concept maintenance. *Journal of marketing research, 45*(6), 633-644.

McFadyen, M. A., & Cannella, A. A. (2004). Social capital and knowledge creation: Diminishing returns of the number and strength of exchange relationships. *Academy of Management Journal, 47*(5), 735-746.

McMillan, D. W., & Chavis, D. M. (1986). Sense of community: A definition and theory. *Journal of Community Psychology, 14*(1), 6-23.

MeClelland, D. C., & Kirshnit, C. (1988). The effect of motivational arousal through films on salivary immunoglobulin A. *Psychology & Health, 2*, 31-52.

Miller, D. T. (2001). Disrespect and the experience of injustice. *Annual Review of Psychology, 52*, 527-553.

Miller, J. G. (2003). 바보들은 항상 남의 탓만 한다 [*QBQ!: The question behind the question*]. 송경근 역. 서울: 한언. (원전 2001년 출판)

OECD(2005). The definition and selection of key competencies: Executive summary. Retrieved July 27, 2018. (http://www.oecd.org/pisa/35070367.pdf.)

Pink, D. H. (2011). 드라이브(DRIVE) [*Drive: The surprising truth about what motivates us*]. 김주환 역. 서울: 청림출판. (원전 2011년 출판)

Platon(2018). 향연(Symposium): 플라톤 대화편(영문판). 서울: BOOKK.

Porter, M. E., & Kramer, M. R. (2011). Creating shared value. *Harvard Business Review, 89*(1), 4-17.

Putnam, R. D. (1993). The prosperous community: Social capital and public life. *The America Prospect, 13*, 35-42.

Ramarajan, L., Barsade, S. G., & Burack, O. R. (2008). The influence of organizational respect on emotional exhaustion in the human services. *Journal of positive Psychology, 3*(1), 4-18.

Repacholi, B. M., & Gopnik, A. (1997). Early reasoning about desires: Evidence from 14- and 18-month-olds. *Developmental Psychology, 33*(1), 12-21.

Rifkin, J. (2010). 공감의 시대 [*The empathic civilization: The race to global consciousness in a world in crisis*]. 이경남 역. 서울: 민음사. (원전 2009년 출판)

Rosenberg, M. B. (2017). 비폭력대화: 일상에서 쓰는 평화의 언어 삶의 언어 [*Nonviolent communication: A language of life*]. 캐서린 한 역. 서울: 한국NVC센터. (원전 2015년 출판)

Rosenthal, R., & Jacobson, L. (2003). 피그말리온 효과 [*Pygmalion in the classroom: Teacher expectation and Pupil's intellectual development*]. 심재관 역. 파주: 이끌리오. (원전 2003년 출판)

Seligman, M. E. P. (2012). *Flourish: A visionary new understanding of happiness and well-being.* New York: Simon and Schuster.

________________ (2014). 긍정심리학 [*Authentic happiness: Using the new positive psychology to realize your potential for lasting fulfillment*]. 김인자, 우문식 역. 안양: 물푸레. (원전 2004년 출판)

UNSDSN(2019). World Happiness Report.

Watkins, P. C. (2014). *Gratitude and the good life*. New York: Springer.

Wilkinson, R., & Pickett, K. (2019). 불평등 트라우마 [*The inner level*]. 이은경 역. 서울: 생각 이음. (원전 2019년 출판)

Wilkinson, R. G. (2008). 평등해야 건강하다: 불평등은 어떻게 사회를 병들게 하는가 [*The impact of inequality: How to make sick societies healthier*]. 김홍수영 역. 서울: 후마니타스. (원전 2005년 출판)

Yuval Noah Harari (2015). 사피엔스 [*Sapiens: A brief history of humankind*]. 조현욱 역. 파주: 김영사. (원전 2013년 출판)

참고 사이트

경찰청 www.police.go.kr

구글 books.google.co.kr

국가인권위원회 www.humanrights.go.kr

국립국어원 www.korean.go.kr

네이버 사전 dict.naver.com

네이버 지식백과 https://terms.naver.com/list.nhn?cid=43667&categoryId=43667

방송통신위원회 www. kcc.go.kr

월간 빛(2017. 10) www.lightzine.co.kr

위키피디아 ko.wikipedia.org

유네스코 한국 위원회 www.unesco.or.kr

유니세프 코리아 www.unicef.or.kr

정보통신기획평가원 www.iitp.kr

통계청 kostat.go.kr

한국지속가능발전해법네트워크 www.sdsnkorea.org

APCEIU www.unescoapceiu.org

저자 소개

김선주

현재 성신여자대학교 교양학부 교수로 재직 중이며, LG그룹 사내 강사, 상지대학교 겸임교수, 건국대학교 외래교수, 작은손 바른손 유아예절연구소 연구원, 킴앤킴 면접코칭 아카데미 대표 등을 역임하였다. 대학 강의와 연구뿐 아니라 교사, 성인 대상 인성교육, 취업교육, 면접 컨설팅 등의 활동을 하고 있다.

저서로는 세계 시민이 알아야 할 글로벌 매너(2019), 생활문화의 발전적 계승을 위한 한국생활문화연구(2018), 매너와 이미지메이킹 플러스(2010) 등이 있으며, 대학생 인성수준 및 요구도에 따른 인성교육 방안에 관한 연구(2015), 인성교육진흥법 핵심가치 덕목에 근거한 대학생용 인성척도 개발(2017), 대학생의 인성수준이 취업태도와 취업효능감에 미치는 영향(2018), 협업에 관한 대학생의 인식연구(2018) 외 다수의 연구논문이 있다.

세계 시민에게 필요한
공동체 공유가치 이해와 실천

첫째판 1쇄 인쇄 | 2021년 2월 19일
첫째판 1쇄 발행 | 2021년 2월 24일

지 은 이 김선주
펴 낸 이 어진용
책 임 편 집 태선옥
디 자 인 이지혜
펴 낸 곳 어가 語歌
10449 경기도 고양시 일산동구 장백로 20, 102동 202호(백석동, 동문굿모닝힐1차)
전화 031) 901-4222, 6318
팩스 031) 901-6319
이메일 uhga@uhga.co.kr
홈페이지 www.uhga.co.kr
등 록 2016년 7월 4일·제2016-000133호

ISBN 979-11-91109-33-7 (93330)
정가 16,000원